中国当代美学家文论家评传

王岳川　主编

的自由理性，就是人的审美需求，理解自己必通过对现实的投影，复现自己的心灵，引起观赏的需要，从而形成更高级的拟人化。

第二节　神话演变与神话原型

随着原始初民走向文明的大门，人的自我意识和自觉的审美意识的逐渐形成，神话思维渐渐发生了解体，这种种因素，自然导致神话的解体。

我国古代民族极多，每个民族都有民族始祖的诞生的神话，开天辟地的创始性的神话。但是从整个历史看，我国汉族未有完整的、系统的绿妙的神话流传下来，少数民族似乎丰富些。这主要原因是殷商、西周时代使神话逐渐历史化了。

中国当代美学家文论家评传

王岳川　主编

钱中文评传

刘方喜　李世涛◎著

黄山书社

图书在版编目(CIP)数据

钱中文评传/刘方喜、李世涛著. —合肥:黄山书社,
2016.8
(中国当代美学家文论家评传)
ISBN 978-7-5461-5397-1

Ⅰ.①钱… Ⅱ.①刘… ②李… Ⅲ.①钱中文-评传
Ⅳ.①K825.6

中国版本图书馆CIP数据核字(2016)第007922号

钱中文评传
QIANZHONGWENPINGZHUAN

刘方喜 李世涛 著

策　　划　汤吟菲　朱莉莉
责任编辑　汤吟菲　刘　春
装帧设计　未　氓
出版发行　时代出版传媒股份有限公司(http://www.press-mart.com)
　　　　　黄山书社(http://www.hspress.cn)
地址邮编　安徽省合肥市蜀山区翡翠路1118号出版传媒广场7层 230071
印　　刷　安徽国文彩印有限公司
版　　次　2016年8月第1版
印　　次　2016年8月第1次印刷
开　　本　700mm×1000mm　1/16
字　　数　160千
印　　张　13.75
书　　号　ISBN 978-7-5461-5397-1
定　　价　46.00元

服务热线　0551-63533706
销售热线　0551-63533761
官方直营书店(http://hsssbook.taobao.com)

总 序

近百年来，中国美学文论学在西方现代性与后现代性的不断扩张中，艰难地生产着自己的文化和美学新思维，在欧风美雨中不断吐纳吸收的同时变更着自己的美学文艺学立场。然而，当美学和文论边界不断扩大化的时候，中国美学文论身份却出现了辨识上的危机。中国美学家文论家的集团没有形成，甚至可以说在长达一个世纪之内，学者们在一个一个地细读、消化、评论西方美学家文论家，却没有看到中国美学文论界整体性地对中国百年来的美学家文论家加以整体研究的著作。

尤为严重的是，中国美学界文论界在对整个西方美学界文论界加以研究的时候，已经从宏观研究进入到微观研究层面，对西方古典美学家文论家、西方近现代美学家文论家、西方后现代美学家文论家的研究著作已多不胜数，而整个西方对中国美学家文论家的了解和研究却几乎是空白。这种文化美学上的不对等性，导致中西美学界文论界产生了巨额的“文化赤字”。这种“文化赤字”可能引发的“文化战争”危险，迄今仍然没有引起学术界的高度重视。

一、中国美学家文论家需在国际话语中重建身份

作为大国崛起的中国，其当代美学文论的前沿话语是同整个世界前沿话语相连的。中国面对世界，世界不可能背对中国。东方大国的美学文艺学在失去自我身份后亟需重新反省并获得自我身份：在经历了一个世纪的西化浪潮之后重新检讨中国美学的精神价值取向，从全盘西化的美学文论研究的盲视中走出来，重新以“走近经典”的文化高度和精神厚度，审视中西文化深层对话时代中的中国美学文论身份；从西方美学文论的中国化到中国美学文论经验的世界化的转型中，关注文化创新与文学理论创新的同步性，进而守正创新——“走近经典”并“创新经典”。

不同的价值立场使得在全球范围内出现了文化宗教层面的反全球化的多元文化主义潮流。多元文化伴随着人类历史而发展：中国文化传统、希腊

文化传统、希伯来文化传统、阿拉伯伊斯兰文化传统、非洲文化传统等多种文化不断消长，此起彼伏地影响着人类社会的进程。整体性现代社会正在发生大分裂，世界正在走向新的多元化、多样化。

当代西方文论的全球扩张，深层原因是西方现代性与后现代性的全球播撒。现代性使当代西方艺术具有了文化霸权的话语平台。现代性与科技发明和殖民主义相关，短短200年就使得西方成为世界霸主。但反过来，现代性也让西方和世界深受其害。因为在现代性发展和大国崛起的几百年历史中，世界告别了“王道”而成就了“霸道”，最终导致两次世界大战并走近第三次世界大战的边缘。于是审美现代性、后现代性开始放弃价值升华的追求，现代艺术家开始感受世界堕落般的“恶心”。艺术家堕入了虚无主义、悲观主义和文化失败主义的泥潭，对人类后殖民未来充满了悲观意绪。

西方乘着全球化的翅膀开始了文化霸权的飞翔。霸权是一种在文化领域中争夺“领导权”或“控制权”的话语，将历史上属于某个阶级的意识形态扩张化，使之成为人类对西方话语权力的普遍认同。于是，话语权力不是作为强权而是作为权威而得到行施，人们的精神文化生活在不知不觉中被政治化。人类在价值崩溃中彻底地世俗化，人类精神生态失衡已经习焉不察地成为意识形态符码。

当然，在一个相互交织并消解冷战思维模式的共存时代，如果没有西方“他者”的“镜像”，我们就无法清晰地审视中国文化的“自我”。通过文化镜像深度的自我审视，将有助于把东西方文化的对抗转化为不同文化体制的创造性互动，从而使本土性真正与全球性获得整合，使中国文论创新在不断明晰丰富和深度拓展中，推进“中国形象”的立场定位。

二、从西方文论中国化到中国文论经验的世界化

全球化格局下的文学理论以建构多元多样性诗学为己任，这种多元文化观将使“汉语学界”突破西方文论的单一知识框架，重新审视东方文学传统中的文化理念和文学观念，关注中国文学在新的世界格局中的现代性诗学特征，并通过对差异性文化精神的体认，获得更为宽松多元的文化差异性结论。

事实上，在文化美学领域中国际惯例不是西方惯例，游戏规则不应该由西方单边建立；国际惯例是世界共同创造的，游戏规则是东西方共同建立的。中国美学文论应该参与到建立游戏规则的过程中去，而不能“他者”建立了规则，东方大国仅仅去遵守。只有这样，当代理论家才能不在传统和现代之间徘徊犹豫，才能不用再按照西方模式亦步亦趋，而是摆脱了模仿西方的兴趣，打破西方艺术的惯例，开始以自己的方式在精神生态中寻找中国式的文论光辉和美学神采。

当代中国美学文论流派原创、范畴创新、体系“守正创新”应该提到议事日程上来了。在中国现代性经验没有进入国际大循环，没有成为人类经验的一部分，没有引起世界充分关注的时候，中国文论“守正创新”势在必行。

三、在“守正创新”中整体展示中国美学文论大家

在全球化后现代语境中，新世纪中国文论应在当代文论流派众多的话语角逐中，超越西化跟潮的流派横向移植，超越“五四情结”的现代性诉求，

在全球化文化互动中从事中国美学播撒和新理论输出，形成中西双向的“理论旅行”。一种对等互动的“旅行”，使本土文化艺术和理论反思能够真实地发生和生成在这片厚土之中，完成从一个世纪的拿来主义之后的“文化输出”。在美学文论创作方式、本体结构、接受方式、传播机制、价值功能等方面都产生转变的时代，真正的美学文论前沿践行者，当通过自己的笔歌墨唱，为21世纪中国美学文论的自我创新和输出提供坚实的文化观念和价值重建地基。

走近经典为了继承，创意经典为了图新，美学图新为了精神原创，这表达了我对中国美学文论界整体高于并超越前人的美学观念、美学形态、文论方法、文论传播的某种文化期待。“守正创新”是生命精神喷发状态，而“原创力”是文化软实力，可以表征美学文论新的大国形象。

当代美学家文论家努力的方向是文论原创性，只有真正走近经典的美学家文论家才有可能成为时代美学文论大家，也只有不断创出新经典的原创型美学家文论家才有可能成为时代美学文论大家。可以说，在当代西方美学文论研究了30年以后，应推出一大批不断创新的中国美学文论精英。只有中国美学文论大家的国际影响力提升了，才可能从发现东方文化的精髓到推出一个新的理念——中国文论的文化输出！美学文论国际互动是新世纪中国文论的文化战略，这意味着，新世纪美学文论不仅是中国的，也应该“走出去”而成为世界的！表明从本土主义文化出发应该提出世界主义的美学文论观。

最后需要说明的是，在高水平开创性学术丛书出版困难的时期，黄山书社决定推出这套《中国当代美学家文论家评传》，令人感佩。首批推出朱光潜、宗白华、杨晦、季羡林、王元化、蒋孔阳、李泽厚、钱中文、胡经之、童庆炳等十位中国当代美学家文论家的评传。评传在“评”的方面突出对所评专家学术成果的评介,在“传”的方面则尽可能地钩沉出所评专家一些鲜为人知的人生趣事,使其呈现出浓郁的生活气息。通过丛书的出版,力求打破多年来在中西方文化交流中,中国对国外思想家了解较多,而国外对中国当代思想家却知之甚少的局面,为中国当代“文化输出”做一些推动性工作。

这套丛书的出版,不仅可以使相关领域的研究者能对这些经历了 20 世纪欧风美雨的中国美学家文论家的精神世界有更深入的了解,也能让更多的读者领略和认识这些跨世纪美学大家的审美风采,从而推动新世纪中国当代美学文艺学研究的国际化。

是为序。

王岳川

2015 年 1 月 8 日于北京大学

目　录

自　序

我喜欢跋涉，我的命运就是跋涉！

从小到大，从童年到老年，生命就是长途跋涉！

我喜欢跋涉，我的生命诞生，就汇入了不见尽头的跋涉！

——钱中文《跋涉》

这是中国当代著名文艺理论家钱中文的生存感悟。20世纪80年代以来，钱中文提出“审美反映”“审美意识形态”“新理性精神”等一系列范畴，某种程度上标志着其理论和思想的成熟，这些理论之形成自有其历史和现实及中外理论史的背景，而钱中文强调“新理性精神论”同时也出自自己的“生存感悟”。人文理论之“人文性”一大重要体现，就是其离不开理论家的生存感悟。我们不知道万有引力定律与牛顿的生存感悟是否有联系、有多大联系，但显然的是：剥离于牛顿的生存感悟并不影响我们对万有引力定律的理解和估价，而剥离于一个人文理论家的生存感悟,我们多大程度上可以理解和估价这个人文理论家的思想则是很值得掂量的。让我们在理论家的生命史中来追溯其思想生长史吧!

>> 钱中文

第一章　兴趣与转向

“跋涉，是红黄蓝白黑挥洒的酸甜苦辣，是几次跌入生死相依的人生况味！跋涉，它的前头总有什么点点闪耀，宛若年轻孤独的情书的祈求，有如没有回答、只有忍受的情爱。”（钱中文《跋涉》）生活记忆、生命意识往往作为一种潜结构影响着一个理论家的思想。作为文艺理论家，钱中文的著述中总洋溢着对文艺的挚爱，但也总伴随着隐隐约约的忧患意识，这与他身处的时代及独特的人生经历有关。回首往事，他有着痛苦的“社会记忆”、美好的“自然记忆”和“文学记忆”，甚至有过一段生死相依的“政治记忆”……

一、童年时代与读书生涯

钱中文，原名钱剑平，1932 年 11 月 15 日出生于江苏无锡东北塘乡西浜村。父亲是城里亲戚开的一家纸店的职员，上过私塾，写得一笔好字，当过账房。他后来又与朋友合资开了一家纸店，未几失败，新中国成立后，当了行商。随后家道中落,生活艰辛。母亲粗识几个字,持家务农。钱中文 10 岁前家在农村,江南水乡的那段童年、少年的生活,成了他美好的回忆。但是钱中文童年时代的“社会记忆”却一点也不美好,甚至成为他“永远的噩梦”。2007 年 7 月,在纪念“七七”抗战七十周年前夕,钱中文在《直面战火的童年——1937 · 无锡沦陷纪实》一文中回忆道:飞机轰炸,黑夜逃难,夜躲坟堆,刺刀逼胸,奸淫烧杀的恐怖场面,历历如在目前,恍如昨日一般。在后来的几十年里,他总是做着两种噩梦,其中之一就是常常梦见持枪的日本兵在阁楼上追逐他,在田野里堵袭他。刺刀逼胸、逼近死亡的亲身经历,在钱中文的脑海里形成的是一种生存性乃至身体性的恐怖记忆。

钱中文的“文学记忆”开始于童年。5 岁进私塾读书,1938 年春,进邻村的全旺小学“洋学堂”接受现代教育。1942 年,钱中文全家移居城里,他考入无锡小娄巷底的无锡县模范实验中心小学。五年级时,他开始了他的“阅读旅行”,除了规定的功课之外,他课外阅读的兴趣十分广泛。先是到同学家里(新街巷口的七尺场 3 号,后来才知道这就是钱锺书的老家)借阅《儿童世界》之类的杂志,接着兴趣转向旧小说、武侠小说。1945 年夏,小学毕业,钱中文考入无锡县中学(今无锡市一中),这时他阅读旧小说的兴趣有增无减,如此状态有两年半之久。

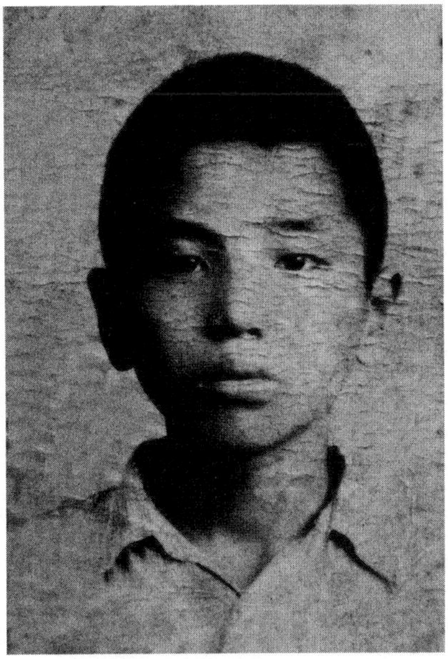

>> 钱中文小学毕业时照片

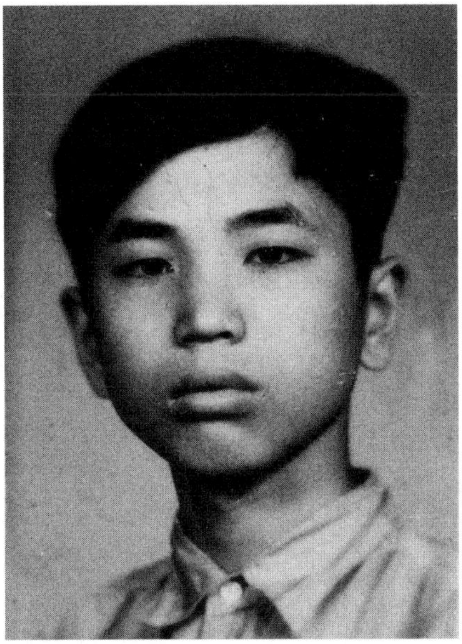

>> 初中毕业时照片

初中二年级，钱中文的审美情趣发生了激变，转到了现代文学，在国文教师的启发下，他阅读了鲁迅的《呐喊》与《彷徨》、冰心的《寄小读者》等作品，在新文学的感染下，他渐渐发觉自己的生活似乎有了个目标，而且后来这个目标越来越明确——写作、当作家！他用积蓄多年的“压岁钱”买了不少新文学方面的书来阅读。初中升入高中的那个暑假，他还在无锡县图书馆办了张借书证，几乎是一两天就去换本书读，同时手抄了李煜全部的词，整个暑假都在几近疯狂的阅读中度过。在大量阅读文学作品的同时，他也开始练习写作，写出一篇六七百字的文章——《口试》，署以笔名“杰人”，投给无锡《人报》，居然被发表出来，让他大喜过望，而这算是他发表的处女作了。过了几天，他又给《人报》投了一篇名为《人情》的速写，又发表了出来。他后来回忆道：写作是有趣的，寄出去的是钢笔字，不久就变成报上的文章了，那油墨可有一股清香呢，这种清香对真正的写作者总有一种神奇的诱惑力。不久，他收到报社的稿费通知单，怯生生地去报社领取稿费。由于穿着简陋，竟被门房骂作“小赤佬”被挡在门外，并且竟要操起木棍来赶他。几经周折，最后他还是没能领到他的第一次稿费。这对他来说是一次既懊恼而又非常美好的回忆。

1951 年，钱中文考入中国人民大学俄语系。在报考大学时，他一度屈从世俗观念，为了将来有个牢靠的谋生手段，报了医学院。可是，文学才是他心中的真正圣地，他又怎么忍心舍弃它呢？后来学校要他去投考中国人民大学，这是所干部学校，进去不但不花钱，还有生活补贴。他一听就同意了：家里穷，已无钱供他上大学；去人民大学学习俄语，比起学习医学总要更接近文学一些，而将来当个文学翻译家也不错。去北京报到时，他拣了 10 多本小说，捆进行李包，带着这些精神财富与文学梦想去奔赴他的求学之路。到

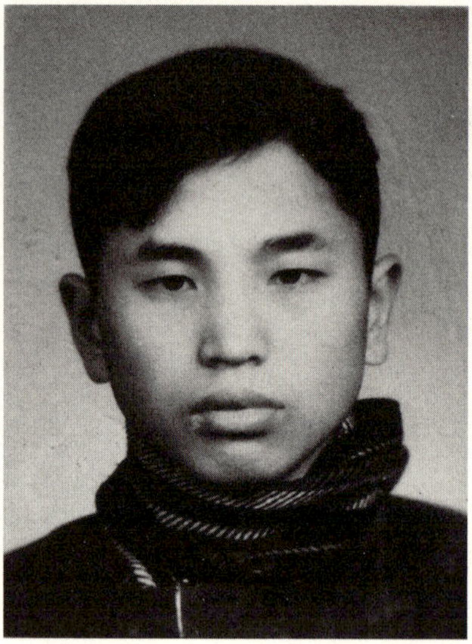
>>1951 年照片

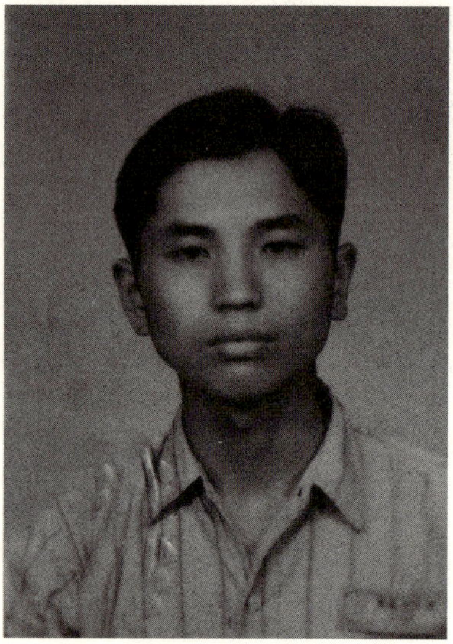
>>1955 年大学毕业时照片

北京后，校方一开始就抓学习态度，说中国人民大学教授俄语，就是要为国家培养翻译人才。谁知他们刚稳定思想不久，校方的培养方向就变了，要他们将来去当俄语教员。随后，经过不断的政治学习，反反复复的自我检查，最后消磨了他的热情与棱角，服从了组织的要求，他的文学翻译之梦渐行消歇。

然而，文学创作的欲望仍在钱中文心里萌动着，他不大敢看从家里带来的小说，因为在当时的环境中，阅读三四十年代的小说变得不合时宜，大家都在阅读当时风行的苏联小说。暑假到了，他的写作兴趣再度如火燃起。他不敢在宿舍里写作，于是就在校园里转悠，终于发现一间窗户没有关好的大教室，就翻窗进去，开始“偷偷摸摸”地写作。酷暑难耐，他“赤膊上阵”，两三天写了六七千字，完全沉浸在写作的欢乐之中……一次一抬头，发现窗口有一个人看着他，好像那人已经看了多时，这使他忐忑不安起来，担心自己的秘密被人发现了。开学后，在一次生活检讨会上，他对自己又想写作的个人主义思想进行了检讨，但没敢透露翻窗写作之事，一直担心被人揭发。那时正值“三反”“五反”运动，是人们不断揭发暗藏反革命的时期，于是钱中文写作的冲动也就在担惊受怕之中逐渐消弭。四年大学生活中，钱中文的津贴每月只有五元，连买张火车票也很困难，所以四年间他未能回家一次。“每个人的人生道路都是一道充满偶然的弧线”，钱中文在学习写作的道路上没有走得太远，但与文学的情结却始终未能割断。后来他在专事理论研究的同时，也陆续发表过一些优美的散文，还与别人合作翻译过外国文学作品。其对文学之爱“宛若年轻孤独的情书的祈求，有如没有回答、只有忍受的情爱”。

1955 年，钱中文大学毕业，被派去苏联莫斯科大学俄罗斯语文系学习，成了一名俄罗斯文学的研究生。在这期间，他拼命研读了大量俄国文学作品，文化沉淀深厚的俄罗斯也在他的生命记忆中留下了深刻的印迹。

>>1956 年夏在莫斯科

二、政治运动与研究转向

1959 年，钱中文回到北京，被分配到了中国科学院文学研究所（1977 年改名为中国社会科学院），先进入苏联东欧文学组，1961 年转入文艺理论组。1961 年他下乡参加“清队”，在食不果腹的情况下仍坚持读书。1965 年秋，钱中文又被派往江西省丰城县搞“四清”运动。1966 年 6 月 1 日，他被召回北京，参加“文化大革命”。1969 年，像许多知识分子一样，他由批判者变成被批判者，一下子成了“反革命”集团成员，成了群众“专政”的对象，被看管起来，前后凡四年。直到 1978 年，确认所谓“反革命”集团纯系虚构，“反革命”的帽子自然也就 “一风吹”了。如此，前后共十年。钱中文感受过“几次跌入生死相依的人生况味”，如果说童年时侵略者的刺刀曾使他逼近死亡的话，那么，“文化大革命”中的精神羞辱则再次把他逼入绝境。20 世纪人类社会获得了大发展，但人类精神也面临着大崩溃。西方现代主义文艺传达了这种精神讯息。作为文艺理论家，钱中文一直肯定现实主义文艺的价值，也一直对现代主义文艺的生存体验抱有非常真切的同情，这显然与他的生存经历和生命体验密切相关。

1960 年至 1965 年间，文学研究所成立了批判组，钱中文被编列其中，在所领导的组织下，他写了一些批判所谓“国际修正主义”“资产阶级文艺思想”的文章，发表在《文学评论》《人民日报》《光明日报》等刊物上，而这些他后来说的“白天写的”文章，明显地带着当时极“左”思潮影响的痕迹。但同时，他也陆续发表了一些“在晚上写的”东西，一部《果戈理及其讽刺艺术》文稿和其他文章，体现了他对一般的文学理论研究的执着。

钱中文在 1961 年 10 月 7 日《文汇报》第 3 版发表了《创作灵感漫谈》一

>>1949 年 8 月钱中文(右一)参加苏南水灾募捐寒衣宣传

文，首先对西方历史上有关灵感的理论作了梳理，列举了柏拉图、黑格尔等人的相关说法，反对对创作灵感的神秘主义作解释，指出对灵感也可以作唯物主义的解释。结合对茅盾、洪深等人的创作实践及他们的创作经验谈的分析，文章描述和分析了灵感的形成过程及在创作中的重要性，即“作家的灵感愈丰富，他的创作也就愈有成效”，揭示了灵感与社会生活、艺术劳动及作家技巧之间的密切联系。1961 年第 11 期《新港》(第 61—63 页)发表了他的论文《谈艺术创作的想象》,文章以描述《红楼梦》《阿 Q 正传》的相关情节开始,指出想象之于文学创作的重要性,引述了高尔基的话,提出“想象实际上就是形象思维”。以画家列宾创作名画《纤夫》的过程为例,他指出想象与社会生活密切相关,接着又指出:艺术创作通过想象、虚构对生活材料进行创造性加工,艺术真实不同于生活真实。文章以梁斌创作《红旗谱》的经验为例,指出仅仅有社会生活还不足以创造出好的作品。又以阿·托尔斯泰为例指出历史题材的创作同样离不开想象。以上两篇文章充分肯定了灵感、想象的重要性,一定程度上揭示了文学创作不是简单而直接地反映社会生活的独特规律。1962 年第 7—8 期《文艺红旗》刊登了他署名为“钱起”的

>>2005 年 5 月在母校

《细节描写和典型化》一文,对细节描写在典型化过程中的作用做了一些分析。《光明日报》1965 年 3 月 28 日第 4 版发表了他署名为“宇文犁”的《谈“多余的人”》的文章,对《当代英雄》中的“多余人”的形象做了比较准确而深入的分析,一定程度上显示了他在俄罗斯文学研究方面的功力。

第二章　在自我反思中跋涉

“文化大革命”结束后，钱中文经历了痛苦的自我反思乃至自我批判，如同历经炼狱，但也正是这种痛苦的自我解剖，使他获得了真实的自由解放的欢愉。20 世纪 80 年代改革开放初期，拨乱反正、思想解放，是知识界思考的时代主题。与此相关，钱中文《艺术真实和艺术理想》等文探讨了文学艺术的真实性问题；哲学界讨论人道主义、人性问题，钱中文则撰写了有关思想与感情的关系、文学艺术里人性的表现形态、形象思维等问题的论文，开始自己的理论跋涉，在思想解放运动中发出了他独特的声音。

一、学习与反思

1978 年，钱中文的“政治生命”得到重生。他却再次体验到“跌入生死相依的人生况味”。1979 年秋他乘飞机（三叉戟）去云南昆明开会，坐在靠机翼稍后的窗户的座位上。飞机起飞后，他正欣赏着窗外的景象，突然发现从飞机机翼边缘不断放出一片片黑乎乎的液体，他看了半天，不明白是什么东西，正好有个乘务员走过来，他就叫她看看是什么东西。乘务员一看，二话不说，立刻往驾驶室跑。接着便听得扩音器报告飞机出现了些故障，立刻返航的消息。实际上他的偶然发现救了一飞机的人，而他自己的"肉体生命"也再次与死神擦肩而过。巧合的是，他的"学术生命"似乎也经历了"劫后余生"的过程。昆明会议期间，上海文艺出版社的郝铭鉴先生正在编"文艺知识丛书"，问钱有无现成稿件。钱说正好有部书稿，已在一个出版社存放18年。原来，1961年，他应戈宝权之约撰写了《果戈理及其讽刺艺术》的书稿，后由戈先生交给了人民文学出版社。那时运动连年，出版受阻。"文化大革命"中，钱中文的这部书稿竟被来出版社造反的红卫兵扔进了走廊上的垃圾堆，幸好被一位至今还不知其名的清洁工捡了回来，送回编辑部，奇迹般地保存了下来。于是1979年钱中文取回稿件，稍作修改后，交给了上海文艺出版社，于1980年出版。

"文化大革命"后，许多人都有劫后余生的欣喜，但对钱中文来说却不仅仅有欣喜，还有痛苦，即自我反思、自我批判的痛苦。一场浩劫结束后，整个社会都需要反思，也都在进行着反思。在那场文化浩劫和历史悲剧中，许多人其实都是集批判者与被批判者、伤害者与被伤害者，从而也是悲剧的制造者与承受者于一身的。“文化大革命”结束后，不少人竭力与伤害者的自我形象分割开，而放大被伤害者的自我形象——这或许是可以理解的人性本能，但对于一个人、尤其一个人文研究者来说，唯有深刻的自我反思、自我解剖，方可使其人生指向自由之路。钱中文向曾经被自己批判过的几位老专家一一道了歉，卸却心头的重负，在精神上获得别人的谅解。他一直想对一位在外地工作的老专家当面致歉，但直到1985年他才知道，这位他少年时期热爱的散文家、漫画家已于1975年去世，这使他至今无法释怀，依然保存着曾撰写并发表过的批判文章，绝无隐讳之意。他对自己在历次政治运动中如何被塑造的过程有过深刻反思。

当然，作为理论家，钱中文的反思更多指向文学研究。新时期初期，拨乱反正开始，预示了他学术生命的复苏，而这时期文艺理论问题成堆，如：如何恢复马克思主义文艺理论的原有思想，怎么看待总是左右着文艺创作的文艺与政治的关系，以及文学艺术的批判与继承问题，民族文化中的两种文化思想问题，反映论问题，现实主义与现代主义问题，艺术真实性问题，强调文艺创作表现思想的问题，人性、人道主义问题，等等。这些问题都是当时最为迫切的问题，头绪纷繁，但是都反映在他这一时期的探索中。他首先是从对马克思主义文艺思想的学习与研究中开始自己的反思和探索的。

历次政治运动直至“文化大革命”，都打着马克思主义的旗号，但往往都是对其片面曲解。由于独特的政治传统，当时思想上的拨乱反正和解放，也首先是从全面清理、准确认识和深刻反思马克思主义基本原理开始的。文学所所长何其芳生前曾交代要由理论组编选《马克思、恩格斯论文学与艺术》和《列宁论文学与艺术》两书。在五七干校期间，钱中文很有耐心地读完了当时已经出版的40多卷《马克思恩格斯全集》。两部书稿在20世纪70年代末就已编完。但前一书已由别的单位编好就要出版，所以他只好放弃。

于是钱中文和人民文学出版社商量后出版《列宁论文学与艺术》中型本，由他进行选删，并撰写该书《后记》（写于1981年10月），对列宁文艺思想及其发展作了梳理。首先分析了列宁主义作为现实主义文艺反映生活的理论指导的能动的唯物主义反映论："文艺通过作家的审美感受，通过对现象的生动的直观和描写，揭示生活和认识生活的真理，给人以审美感受。文艺既描写人们的复杂的社会关系，也表现他们多样的主观的感受。"①而"列宁关于托尔斯泰的一组文章，是用反映论原理评述作家的最著名的文艺论著"（第448页），这些基本思路后来被他概括为"审美反映论"。《后记》还较为详细地分析了列宁的"两种文化"理论，在阶级社会里，"不大发达的民主主义和社会主义成分"的文化与"地主、神甫、资产阶级的文化"是并存的，强调这一理论"对于我们批判地继承文学遗产具有原则性的指导意义"（第453页）。接着又分析了列宁"必须取得资本主义遗留下来的全部文化，用来建设社会主义文化"的论断，指出科学技术不具有阶级性，因而也无所谓民主性。而有不少作品，它们"丰富了人类的审美经验，而具有普遍的真理性和审美价值"，无产阶级可以照样利用它们。"这种作品说不上是民主性的精华……同时它们又不是糟粕，绝对不能把它们同一些消极的文化现象等量齐观。"（第454—455页）

此前，钱中文还于1978年写有一篇长文《列宁论两种文化及有关文学理论问题》："列宁的两种文化的理论，教导我们对文化现象要采取历史主义的观点，同时也要看到它的普遍意义。"②这种理论"没有方法上的绝对化、片面性，即要么是民主性的精华，要么是封建性的糟粕的非此即彼的形而上学

---

① 中国社会科学院文学研究所文艺理论研究室编：《列宁论文学与艺术》，人民文学出版社1983年版，第447页。以下引语均出自该书，只在正文中注明页码。

② 蔡仪等：《马克思主义文艺思想论集》，中国文联出版公司1985年版，第367页。以下引语均出自该书，只在正文中注明页码。

性”，有些作品“只能从反映社会生活与自然现象的真实度和它的审美价值去加以考察和评价”（第370—371页）。这种思路后来在钱中文成熟的“审美意识形态论”中得到进一步的阐发。这些分析又具有历史和现实的针对性，该文指出日丹诺夫“断言那时世界上只存在社会主义文学和资产阶级颓废文学，这就把问题绝对化了”，对中国的影响是“多年来，我们把阶级斗争理论绝对化、庸俗化，把欧美文学一律看成反动文学而拒之千里之外”（第382—383页）——这种反思为当时思想解放运动中大量引进西方文艺及其理论以及重新认识现代主义文艺，提供了经典理论依据。

20世纪80年代的思想解放运动中，文艺理论界一个重要学术公案是对列宁一篇文章的中文题目的改译，原译是《党的组织和党的文学》，据说是胡乔木提出改译建议的，在中国共产党的核心刊物《红旗》杂志1982年第22期上，郑重地发表了新译本《党的组织和党的出版物》。钱中文写于1979年末、发表于《学习与探索》1980年第3期（第81—87页）的《文艺和政治关系中的一个根本问题——论文艺作为“观念的上层建筑”的特征》一文的记载则是：“不久前我们在编选《列宁论文艺》一书的过程中反复思考，认为这篇文章的译名不够确切，按原文似译成《党的组织和党的出版物》为妥。”该文主要是对朱光潜“文艺是意识形态，但不是上层建筑，如果把文艺视为上层建筑，则弊端甚多”这一观点进行辨析的。文章梳理了相关经典文献，在此基础上分析指出：“自然科学作为社会意识，由于不反映社会关系而不叫意识形态，因而也不是上层建筑，只有那些以不同方式反映社会关系的社会意识才是意识形态，并叫作上层建筑。”文艺是作为“观念的上层建筑”而不同于政治、法律机构等社会实体存在的，而两者在同时被经济基础决定的意义上又同属于上层建筑。文章第二部分则进一步对文艺与政治的关系进行了辨析，通过对普列汉诺夫的相关说法，尤其是列宁《党的组织和党的出版物》

>>1988 年钱中文、库兹尼佐夫(苏联高尔基世界文学研究所所长)与汉学家李福清

相关理论的引述,指出意识形态、上层建筑各部门之间的关系并非平列的,政治发挥着主导作用。20 世纪 80 年代文艺领域思想解放的一个重要标志,是 1980 年 7 月《人民日报》发表社论《文艺为人民服务,为社会主义服务》,提出新的"二为"方针而不再提文艺为政治服务。钱中文在上文中虽尚未对文艺从属于政治被简化为文艺为政治服务的口号进行详细辨析,但已指出:"如果以文艺从属于政治的原理,或政治的主导地位的原理来代替文艺服务的对象——人民群众,那末,这实际上就以政治代替文艺,把文艺与政治关系庸俗化、简单化了。"可见,当时新的"二为"方针的提出也是知识界共同推动的结果。

文艺与政治的关系,在方法论上又涉及"美学的"方法与"历史的"方法之间的关系,这方面矫枉过正思维方式的体现是:当时许多人往往以"美学的"方法取代曾经被一度庸俗化的社会历史方法,而钱中文《论美学的、历史

>> 右为苏联学者加斯巴罗夫

的文艺批评》一文则在方法论上贯彻着自己跳出非此即彼思维方式的思路。"'美学的''历史的'观点是马克思主义文艺批评的方法论",这种方法论具有综合性的特点,并可细化为"真实性、思想性和艺术性"三个具体的准则,从这"三性"提出问题,"大致可以对作品做到较为全面的认识",割裂三者则对作品的认识必然产生偏差。但在具体的文艺活动中,这"三性"往往又是"不平衡的,有差异的","如一篇作品,它的思想性、倾向性并不明显,例如某些诗歌、散文,它只是反映了人们的某种感受和情绪,或者描绘的是一幅优美的自然景色,像这类作品,它们往往以艺术性取胜,可以使人产生优美的艺术感受。对于它们,我们就没有什么必要从批评准则的各个方面去大动手术，深究它们的微言大义”①。文艺活动本身就具有多样性，因此作品的价值也必然具有多样性，从而批评的准则也必然是多元的。文章还分析指出：抽象人性论“曲解了美学分析，破坏了历史的、社会的分析原则”，而庸俗社会学则“歪曲了历史的、社会的分析，否定了美学分析的原则”（第 177 页），文章还对庸俗社会学在苏联和中国的泛滥作了初步描述和分析——而钱中文的基本立场是：不能因为社会历史方法在苏联、中国一度被庸俗化，而走向完全抛弃社会历史方法的另一个极端。

二、俄国文论的探讨

俄罗斯文学、文化对于钱中文文艺思想的形成有重要影响，但把这种影响简单说成是苏联模式的影响，显然是不符合事实的，突出的表现是构成钱中文成熟理论的一个重要资源是巴赫金思想，这当然不能归结为苏联模式。实际上，他探讨俄罗斯文论的一个重要目的恰恰是对所谓苏联模式及其对中国影响的反思；与巴赫金相遇，则使他更进一步超越了所谓苏联模式。

“文化大革命”结束后，文艺界思想解放的一个重要的标志性信号，是停刊已久而重新出版的《文学评论》1978 年第 1 期刊登出《毛主席给陈毅同志谈诗的一封信》，由此引发了一场有关“形象思维”的学术大讨论。有意思的是，在这期《文学评论》上，也发表了才被“解放”的钱中文的一篇文章《推倒诬蔑，还其光辉——批判“四人帮”诽谤俄国革命民主主义者的种种谬论》；同年《南开大学学报（哲学社会科学版）》第 1 期又发表了他的文章《评“四

---

① 陈涌等：《马克思、恩格斯美学思想论集》，人民文学出版社 1983 年版，第 171—172 页。以下引语亦出自该书，只在正文中注明页码。

人帮"对俄国革命民主主义者发动的"扫荡战"》。由于历史的惯性，这两篇文章还多有大批判的火药味，但毕竟标志着钱中文基于自身的俄罗斯文化素养的批判性反思的开始。而1978年撰写、1979年改定的《论别林斯基的文学思想》[①]长文，则是一篇学理性很强的论文。该文认为，别林斯基的伟大功绩"在于从理论上不断倡导文学和现实生活的接近，确立了俄国文学面向生活、把握生活、影响生活的现实主义倾向；推动文学的民主化，注意了文学的思想性，使之服务于社会进步"。文章勾勒了别林斯基由"与现实妥协"到否定现实的思想变化过程，在此基础上又分析了他在"现实的诗"与"理想的诗"的关系上由排斥主观性、理想性、思想性到重视主观性、倾向性及激情的理论变化过程，揭示了现实主义文艺如何处理好主观与客观关系的基本原则。接着对别林斯基有关文学反映生活的真实性及其广度和深度的理论进行了分析，真实反映现实生活的文学就是"理想的镜子""正确的镜子"，是作为"诗情画意的镜子反映了整整一个时代（梅林语）"，并要具备生活的广度和深度。然后文章又对别林斯基所论文学反映现实的特征进行了论述，指出别林斯基"寓于形象的思维"说是第一次出现于俄文中，其"诗人用形象来思考"等说法皆揭示了文学反映生活方式具有形象化的特征，其次还具有典型化的特征等。这篇文章对别林斯基文艺思想产生的时代背景、其文艺批评所针对的文艺现象、理论流派等均有较为详细的描述和深入的分析，学术

① 以下引述参见：钱中文《现实主义和现代主义》，人民文学出版社1987年版，第353—407页。该文收入《现实主义和现代主义》文集时，改名为《现实、激情、审美反映和民族化——别林斯基的文学思想》，把反映改成"审美反映"。实际上"审美反映"最初提出于1982年2月写就的《论美学的、历史的文艺批评》（发表于人民文学出版社1983年版《马克思、恩格斯美学思想论集》）一文中，即"艺术不仅审美地反映生活，而且也是人们自觉地掌握世界方式之一，是一种意识形态"。该文收入《现实主义和现代主义》文集时，将"意识形态"改成了"审美意识形态"，而实际上"文艺是一种具有审美特征的意识形态"最初见于《文学评论》1982年第6期刊登的《论人性共同形态描写及其评价问题》一文，特此说明。

史价值极高,贯穿着钱中文自己的理论思考,并隐含着他对中国当时文学状况的反思。

钱中文1980年初稿、1981年改定的长文《通向现实主义高峰之路——托尔斯泰论真实性、客观性、主观性、真诚和分寸感的关系》对托尔斯泰的现实主义文艺观作了较为系统的论述。文章开头描述了当时思想解放运动中围绕现实主义的种种不同观念,对于"生动活泼的局面"表示认可,但指出"其中有的观点是充满了虚无主义的气味的",是否定现实主义的,强调"文艺中的创新与发展,都必须建立在批判继承的基础上"。文章认为:"现实主义是一种创作原则的理论体系,它的核心问题在于探讨文艺和生活的关系和真实地反映生活所引起的种种问题。"[①]文章梳理了托尔斯泰对与现实主义创作原则相关的几种因素之间的关系的认识:其一,真实性与客观性的关系。"真实性必须和主观性结合,但又不是完全是主观性的东西",托尔斯泰强调艺术家"不是按照他的希望去了解事物,而是按照事物的本来面目去了解事物",反对谎言,细节描写要具有真实性,不同于自然主义的真实观。其二,历史真实与艺术真实的关系。涉及的是历史题材作品的真实性问题,艺术真实并不排斥虚构,但必须恪守历史真实。其三,真实性、主观性和真诚的关系。"文艺创作中的真诚,这是托尔斯泰对创作中的主观性的一种发挥,真诚是作者明确和坚定的主观态度的升华",是艺术创作的基本条件(第438页)。其四,真实性和分寸感的关系。托尔斯泰把分寸感归结为艺术的一个主要特征,他在评价一些作家的作品时所谈到的分寸感,往往是指"一种思想、道德的评价,甚至是一种带有宗教色彩的原则",他希望作家"描写

① 钱中文著:《现实主义和现代主义》,人民文学出版社1987年版,第413页。以下引语均出自该书,只在正文中注明页码。

>>30 年后(1988 年)重游母校——莫斯科大学

惊心动魄的真实而不是热衷于肮脏的耸人听闻的现象，揭露黑暗而不是欣赏丑恶和使人陷于绝望”，这应是创作思想上的分寸感的体现。同时托尔斯泰用“稍微”来说明创作中的分寸感，也即作家把握生活和描写的一个“度”，一种也与艺术技巧密切相关的“度”。托尔斯泰说：“在这些细节之中，在这些‘稍微’之中，可以看到每个作者的命运；没有这点，没有‘稍微’，那意味着就会失去一切，也不会有作品”（第 446 页），一般优秀的作家才会具备这种“稍微”的思想力度。除了引述托尔斯泰的相关理论表述外，该文还充分结合托尔斯泰的创作实践和作品展开分析。钱中文发表于《苏联文艺》1980 年第 3 期的《托尔斯泰创作思想浅谈》一文，更侧重于对托尔斯泰创作的研究，这种与作品研究相结合的方法使相关分析更具说服力，体现了钱中文在俄罗斯文学史研究方面很高的学术素养。

>>1994 年与顾亚铃（左）合影

三、基础理论初探

自我反思后的理论跋涉，在艰难中也会爆发出创造的欢愉。“跋涉，是骑车上班路上刹时灵感的一痕闪电，是无意倒下的流淌的苦汁，却酿成了一束束收获的欢快。”钱中文《艺术真实与艺术理想》一文的提纲就是在骑车上班路上构思出来的。这篇文章的现实针对性较强，主要是针对“文学从谎言解放了出来”后所出现的所谓“写真实”的自然主义倾向及与之相关的缺乏审美理想的价值虚无主义倾向有感而发的。首先，文章辨析了“艺术真实”与“生活真实”的关系，强调“艺术真实并非生活真实的摹写，因为有时甚至‘现实也是不大真实的’”，“艺术真实”是一种高尔基所谓的“复杂的真实”，而非停留于事物现象表面的“事实的真实”。其次，文章指出“艺术真实具有‘事物和生命的精神、灵魂和特征’，是对生活的发现和开拓”，“必须通过艺术的典型化手段，创造出艺术真实的‘完整性’”，同时艺术真实还具有生动性、丰富性等特征。最后，文章还分析了“艺术真实的理想品格”①。这篇文章逻辑缜密，同时也颇能体现钱中文文艺思想的一个基本特征，即坚守人文理想和对价值虚无主义的拒斥，这一价值立场也同样贯穿于他后来对其他理论专题的研究之中。但该文最后一段太理想化了些。

钱中文 1981 年 5 月撰写的《文艺创作中的感情形态》一文对文论尤其对现实主义文论中的一个基本问题，即文学中感情与思想的关系进行了比较深入、系统的探讨，这一论题同样具有现实针对性。针对“文化大革命”文

---

① 以上引述参见：钱中文《现实主义和现代主义》，第 181—208 页。以下引语均出自该书，只在正文中注明页码。

艺创作的概念化倾向矫枉过正的现象，如后来有人强调“艺术就是感情”，艺术创作离思想越远越好，钱中文在这篇文章中同样体现了他自己力图超越非此即彼偏激思维方式的思路。在日常生活中，“感情就是受到人们一定的信念、观点、意志和利益制约的一种具体主观的心理体验，它和思想是相互沟通的”（第 132 页）。在文艺活动中，有些作品偏以感情取胜，有些则偏以思想取胜，但在总体上感情与思想融合在一起而表现为“激情”，“激情是充溢感情的思想，或是凝结着思想的感情”（第 136 页）。文章揭示了感情与思想之间的相互作用和制约的关系，最后强调：“作家自觉地了解一些文艺知识，包括作品的思想、主题这类概念，只要符合创作实际，那是有益无害的，只有把思想当成了迷信和教条，才会堵塞作家的感情。”（第 153 页）

在 20 世纪 80 年代初的思想解放运动中，理论界有关人道主义、人性问题、形象思维的讨论是重要亮点，这在当时文化思想中具有全局性意义。一些学者从哲学方面撰文论述人道主义、人性问题，钱中文则从文艺理论的角度作出了自己的思考和探讨。《论美学的、历史的文艺批评》一文已有对人性论的探讨，《文艺创作中的感情形态》也涉及共同人性问题。1982 年他又撰写了专题长文《人性共同形态描写及其评价》对人性问题进行了较为系统的探讨。“在十年动乱中，我们只讲阶级性”，而思想解放运动的一个重要收获是“认为人除了阶级性，还具有共同人性”，“共同人性既然是现实的人的根本特征之一和现实关系的组成部分，那就不存在文学能不能描写共同人性的问题，而只是如何认识和描写的问题”（第 156—157 页）。首先，文章分析了“文学中人性共同形态描写的抽象性和具体性”的关系，指出，有些作品虽从人性论的观点出发，但“作品中的人性共同形态的描写，实际上就是生活本身的生动描写”（第 161 页）。有些作品“并不直接反映尖锐的社会关

>>2000 年秋在海参崴

系，主要表现的是人与人之间的常情，加之艺术性很高，所以流传很广”（第162 页）——这两种情况都不能算抽象人性论。较为复杂的第三种情况是，“在一个作家身上或是他的作品里，人性的共同形态的表现往往是两重性的”（第 163—164 页），一方面有抽象的说教，一方面有对现实生活感情真实、具体的描写，“凡是在艺术中夹杂着这种抽象人性说教的地方，无一例外不是失败的”（第 165 页）；而有人性共同形态的具体描写而缺乏健康趣味的作品同样不能算成功。其次，文章分析了人性共同形态是如何具体表现出来的，强调“人性共同形态是人物性格、典型的构成因素”等。最后，文章分析了“真实的、历史的、道德的要求和人性美”的问题，辨析了当时文艺创作与批评中的一些错误倾向，如抽象的宗教说教、非历史主义观念，等等，并集中对当时爱情题材的作品作了分析。在总体思路上,这篇文章强调“加强美学分析,并不是要否定与美学分析密切相关的历史、社会分析”(第178页)。

钱中文在对别林斯基文论研究中涉及了形象思维,1978年的《文艺论丛》第五辑发表了一组由文学研究所理论室研究人员所撰写的讨论形象思维的文章,其中也收录了钱中文《论形象思维和艺术形象的特征》一文。文章首先分析了“形象地认识世界的历史发展”,接着从思维规律的角度批评了“表象—概念—表象”的创作过程公式。在这一公式中,“艺术形象是由概念转化而来的,是概念的产物,这就必然地抹煞了形象思维和理论思维的各自特点”①,如此就“把文艺创作看成是主题思想的形象化”——这就是“文化大革命”中文艺创作的“公式化、概念化”的道路,而“这种理论的危害,在于它否定了文艺和生活的直接关系、文艺认识生活和反映生活的根本特点,也即文学艺术本身所特有的规律”(第134页)。然后,文章通过分析形象、思想和想象之间的关系,探讨了“为什么艺术形象能够思维”的问题,指出,“形象而具有思想血肉,这就是它可以用以思维的基本条件”,形象离开思想就是僵死的现象的反映,而思想脱离形象就是“艺术中令人厌烦的赤裸裸的说教”(第136页),等等。最后,文章对“艺术形象和科学中的形象”进行了辨析,强调“艺术形象就是艺术本身”,而科学中使用的形象,不过是一种辅助性的手段(第139页);从形象的典型性来看,“个人的特性”“对于社会科学中的典型来说都是无关紧要、无足轻重的”,而“对于文艺创作来说却是重要的”(第140—141页)。总之,文章的最终主旨也就在于对“文化大革命”极“左”思潮不尊重文艺自身规律的一种批判性反思,体现了当时文艺界思想解放的声音。

---

① 《文艺论丛》(第五辑),上海文艺出版社1978年版,第130页。以下引语均出自该书,只在正文中注明页码。

以上这些论题皆与现实主义文论密切相关，现实主义可以说是 20 世纪 80 年代初不断争论的问题，是影响当代文学创作的大问题，也是涉及如何对待中外文学遗产的大问题。钱中文《艺术假定性的类型和文学的真实形态》等文还对现实主义文论的其他问题进行了探讨。由于独特的时代状况和政治传统，钱中文 20 世纪 80 年代中期以前的理论探讨，首先是在马克思主义文艺学尤其现实主义传统中展开的，而由于他自身独特的学术研究经历，又更多是在俄罗斯文艺学传统中进行的，反思性极强，这也是当时中国文论界的一个重要特点。而其独特的学术素养则使他这一时期的文章具有较高的学术价值，并使他后来的理论创新能够建立在坚实而丰厚的学术史根基上。另一方面，其基础理论研究与当时的思想解放运动息息相关，并且从诸多文章中还可以看出他对当时具体的文学创作状况的关注和了解——对现实的关怀和对文学的挚爱，这也是钱中文文艺思想一以贯之的两个基本特征。

第三章　理论定位的寻求

经过深刻的反思和初步的清理后，20世纪80年代中期以来，钱中文开始逐步形成自己的文艺理论观点，而其理论成熟的重要标志，是一系列范畴及其理论的成型：大致以20世纪90年代为界，此前的“审美反映”“审美意识形态”等范畴及其理论，是其理论成熟发展第一阶段的标志，而此后的“交往对话主义”“新理性精神”等范畴及其理论，则代表着其理论成熟发展的第二阶段。这些成熟的理论成果，有着非常深广的学术基础，并与钱中文对自己理论定位的不断探索密切相关。

钱中文从20世纪80年代中期开始寻求自身的理论定位，而他首先是在与当时文论界两种偏激倾向的批判性的对话中开始这种探寻的：第一种倾向是现代主义文学理论对现实主义传统的激烈否定，钱中文不认可这种非此即彼的偏激倾向，撰写了一系列论文，对现代主义、现实主义的特征、内容进行了比较，提出文学发展的实际过程并不是像现代主义所认为的那样是一种线性更迭过程，强调文学发展过程中更迭的是创作思潮，而非创作原则，而现实主义是一种不断综合、创新、发展着的创作原则。第二种理论倾向是提倡“西化”而轻视中国传统文论资源的价值，这一时期钱中文通过对巴赫金的初步研究，论述了对话思想，为探讨中西文化、文论关系问题，初步清理出了理论基础；而此后，钱中文持续关注这一重要问题，重视对文学民族文化精神的探讨，积极推动有关中国古代文论现代转化等问题的研究。

一、贯通的现代性与开放的自主性：交往对话中的探寻

钱中文对自己理论定位的探寻，是在他后来倡导的交往对话中进行的，而这种交往对话，既表现为他与当时文论界的批判性对话（见上）及通过文本与其他学者的理论对话，也表现为与其他学者的实际交往，而与外国当代理论家的直接的交往对话，使其理论具有国际化的视野。

在与国内学者交往方面，钱锺书对钱中文的理论探索有不小的影响。钱中文与钱锺书的交往，可谓学术界的一段佳话：二钱是同乡，后来相聚于中国社会科学院文学研究所，两人名字接近，寄给他们的信件多次出现过张冠李戴的事。钱中文撰写、发表的《劫难与拯救》《我们这些人实际上都生活在两种现实里面——忆钱锺书先生》两文皆记载了与钱锺书的交往。钱中

文在五七干校被群众专政时,钱锺书给他送《参考消息》时直呼其名,说“中文,《参考》来了”,用的是无锡方言。这使钱中文不禁泪满盈眶,原来在干校,他已成了一个符号,只有“分子”的共名,名字早已无人提起了。这种平等对话的意识,被钱中文称为“人性的呼唤”而铭记在心。后来,与钱锺书的重要的交往事件,大概就算在钱锺书的提示下钱中文走上巴赫金研究的道路了(详述见后)。使钱中文最为感佩的是钱锺书“对中外文学理论发展的现状与趋势相当熟悉,而且了如指掌。对于外国文学理论中出现的新现象,他都能及时把握”。钱锺书曾当面告诉他:“搞文学理论研究不容易,我一生搞理论,搞得很辛苦,理论研究要有自己的见解。现在不少人都在说新理论,其实外国人那里,早已不是什么新的了,结构主义已经过时,我们过去不清楚,现在仍在大搞,也真是没办法呢!托多罗夫已经改弦易辙,有本叫《批评之批评》的,可以看看。”①钱中文后来将此现象概括为“错位”,这种认识大概也受到了钱锺书的影响,而钱锺书融通古今中外的研究路数,对钱中文走综合创新之路也当有潜移默化的影响。

除了与文学所的学者的交往外,钱中文还有着广泛的学术交往。钱中文对自己理论的定位是“中间派”,在追求“片面的深刻”的20世纪80、90年代,似乎显得形单影只,但其实不乏知音,如蒋孔阳对这种理论定位就给予了充分的肯定和支持。在《先生之德,山高水长——怀念蒋孔阳先生》一文中,钱中文记载道:“20世纪90年代中,我曾向他(蒋)诉苦说,我在理论上自认是个‘中间派’,在一个时期里,却受到了左右两方面的夹攻。蒋先生说,这样好,走自己的路,可以广采博取。他自己在治学中,正是奉行了这一方针的。‘广采博取’,要有一种开放的思维方式,要改变独白的思维方式而走

① 《钱中文文集》第四卷,黑龙江教育出版社2008年版,第377—378页。

>>2000 年在蒋孔阳先生周年忌辰会议上发言，左为金炳华

向对话的思维方式。”[1]蒋先生的理解与支持，想必会使钱中文有“吾道不孤”的感触，使他自己“中间派”的理论选择更加坚定。此外，他与季羡林等先生也多有不同程度的交往。钱中文不仅重视自己个人的学术交往，而且也不断推动国内文艺理论界的交往对话，在这方面他最突出的贡献是与其他学者一起创立了“中国中外文艺理论学会”这一理论对话平台（详述见后）。

除此之外，钱中文与国外学者也多有交往，他与法国当代著名理论家托多罗夫等多位学者有过面对面的直接对话。围绕巴赫金研究，他与美国等国当代学者也多有交流与对话，他的有关巴赫金的研究成果受到了国际学

---

① 《钱中文文集》第四卷，第 396 页。

术界的高度评价。20 世纪 80 年代，钱中文利用自己到国外学术考察的机会，及时地了解、介绍国外的文论研究的新情况。他对法国文学理论的介绍，对美国新批评文论的介绍、研究，不但有前瞻性，而且也能够做到实事求是，既承认其取得的成就，但也不回避其存在的问题。1985 年，钱中文去法国进行学术访问，对欧美文论有了直接的接触，与西方理论家尤其是法国多位当代理论家进行了当面交流（详述见后）。他在与法国结构主义文学理论家托多罗夫的谈话中，敏锐地感觉到了托多罗夫文学研究思路的变化，即文学内在研究向外在研究的转变。托多罗夫反思了其结构主义文学研究的局

>>1990 年在上海，前排左起黄世瑜、杜书瀛、徐中玉、蒋孔阳、钱中文
后排左起宋耀良、张德林、叶易、朱立元、吴中杰、陆行良

限，肯定了外部研究的合理性，并强调了文论研究的综合的趋势。钱中文把自己的感受写入了《法国文学理论流派印象谈》（发表于《文艺研究》1985 年第 4 期），这些看法对于当时正热衷于“向内转”的中国当代文学、文学理论研究，无疑是一个对照。他的判断非常有利于克服当时研究中的新的单一性，本来应有助于中国文论界及时地调整自己的策略，只可惜当时的研究急于摆脱“他律”的束缚，盲目崇拜西方文论的现象相当普遍，过分重视探讨文学的“内部规律”，结果在研究中出现了一些割裂文学与社会联系的偏颇。在当时的语境中，其清醒的态度显得尤为可贵。钱中文的意见并未受到重视，其科学性和价值只是在很久之后才被研究者体会出来。他当时撰写的《苏联文学理论研究近况》（发表于《文学评论》1988 年第 4 期）等文章，也具有类似的价值和命运。从钱中文自己的理论探索来看，与西方当代理论家直接的对话，使钱中文的理论视野变得非常开阔了，这无疑增强了他不跟随当时国内理论主流而坚守自己理论选择的信心。今天看来，这种信心绝非盲目的自信，而是建立在非常宏阔的国际化的理论视野上的。

在理论的基本定位上，钱中文坚守中国文论的“现代性”而又与传统相互贯通、坚守中国文论的“自主性”而又向外国尤其西方文论开放。钱中文是新时期以来较早引进和介绍西方文论的学者之一。20 世纪 80 年代以来，随着改革开放国策的确立，国外的文学思潮、文学观念和文学研究方法逐渐传入我国。传统的文学观、方法论已很难适应文学和文学研究的发展，但新的文学观、方法论又还没有建立起来，加之新时期文艺的蓬勃发展，为文论提出了许多新问题，使文艺理论面临着前所未有的挑战。80 年代初，钱中文搜集了当时能够找到的外国文学理论著作，“发现”早就风行于欧美的韦勒克的《文学理论》，把它与苏联的理论著作做了对比，并在 1982 年的中国文学理论研究会举办的广州年会议上做过介绍，还评价了这些著作中的文学观和方法论,引起当时不少学者的兴趣。1981 年,他参加“六五”国家项目《文学原理》的撰写工作,在广泛了解 20 世纪国外文论最新发展状况的基础上,提出编译《现代外国文艺理论译丛》的附加项目,并为主编之一,与王春元一起组织、翻译外国文学理论著作,出版了一套力图反映20 世纪国外文论研究新进展的丛书《现代外国文艺理论译丛》(14 种),其中征求钱锺书的意见,翻译、出版了包括韦勒克与沃伦的《文学理论》、佛克玛与蚁布思的《二十世纪文学理论》、波斯彼洛夫的《文学原理》、卡冈的《艺术形态学》等文艺理论名著。这些著作包含了欧美、苏联和日本等国家的文论,基本上反映了 20 世纪 80 年代中期以前的国外文论的整体面貌。《译丛》满足了当时处于荒芜和封闭状态的中国文学界对域外知识的渴求,不仅开阔了学术研究的视野,而且也促进了当时的文学研究、文学评论和文学创作,对推动中国当代文学的发展起到了重要作用。当然,他在引进方面最大的学术贡献当是后来组织翻译《巴赫金全集》(详述见后)。这些贡献当会在中国当代学术史上留下浓重的一笔。

在坚守中国文论的自主性方面,钱中文一贯重视古代文论资源在中国当代文论建设中的重要价值。1996 年,他主持召开“建设有中国特色的当代文论‘中国古代文论的现代转换’学术研讨会”,组织编辑出版会议论文集《中国古代文论的现代转换》,1997 年由陕西师范大学出版社出版。后来又在《文学评论》杂志上开设“古代文论的现代转换”专栏,陆续登载了很多相关论文,在学术界形成了极为广泛的影响。

在钱中文看来,一部中国现代文论史,乃是中国文论“不断寻求自身现代化,确立自身主体性的过程”。他也以此作为自身理论建构的定位,将自己的理论创新融入中国文论的整体发展进程之中。同时,他还将中国文论的自主性与现代性、开放性统一起来,对于后发现代化的中国来说,其现代性是在向先行现代化的西方的开放中获得的，因而可以说其现代性与开放性是紧密联系在一起的。在“民族自主性”方面，新时期以前曾经存在把向外开放的大门逐渐关闭起来的倾向，改革开放以后则又出现过度“西化”而不顾民族自主性的倾向。在“学科自主性”方面，新时期以前，在逐渐走向极端的庸俗社会学及政治的粗暴干涉中，文论及文学创作丧失了自身的自主性，而新时期以来在追求自主性的过程中，则又出现了把文学及其理论与社会、政治割裂开来，其实也就是把文论及文学自主性封闭起来的倾向。钱中文在对这两种偏执倾向的持续的批判性反思中，寻求着自身的理论定位。

从学术的角度来看，在对马克思主义及俄罗斯文艺学传统进行清理和反思的同时，钱中文也开始对西方相关文艺理论、中国现代及古代文论进行探讨，其理论创新也就具有了更为广阔的文化和思想史背景。20 世纪 90 年代以来，中国理论界开始重视“交往”“对话”“间性”理论，这有多方面的意义，而其中重要意义之一是对既往的非此即彼的二元对立、矫枉过正的极端、偏执思维方式极具批判的针对性。这种思维方式在“文化大革命”中固然登峰造极，但在其后的思想解放运动中其实也依然存在。例如在创作原则上，发现了西方现代主义文艺后，许多人就试图以之完全取代传统的现实主义文艺。在中西关系上，对极“左”思潮的批判导致一些人重提全盘西化，如此等等。应该说这些偏激的理论在当时独特的历史境遇中不乏积极意义，但社会和理论正常的长远发展，必然要求超越种种极端主义。钱中文自认为是“中间派”，在 20 世纪 80 年代高亢的理论大合唱中，他不偏激也并不尖锐的声音似乎并非最为响亮。但这种道路是他经过自我反思后非常自觉的自我选择，并且他一直坚定地走着自己选择的理论道路，在新时期以来的思想史中留下了属于他自己的独特足迹，这串足迹标示着他的理论走向成熟的发展。

>>1995 年钱中文在季羡林先生家

>>2000 年钟敬文与钱中文

>>2001 年在山东大学，右为汝信

二、在现实主义与现代主义之间：创作原则与贯通的现代性认同

贯通的现代性认同，体现了钱中文文艺思想的基本立场之一，这一立场贯穿于他对文艺创作原则尤其是现实主义与现代主义关系的探讨中。从艺术趣味上来说，钱中文非常欣赏古典美，在出访巴黎时，他曾三进卢浮宫，为维纳斯塑像的美而双眼湿润，引起他“重又相信人类幸福命运的起点”。另一方面，在巴黎期间，他特别观赏了现代派艺术，现场观看了包括日奈的《女仆》、尤内斯库的《椅子》等在内的荒诞派戏剧，或许与他个人的生命体验有关，他同样受到了强烈的震撼……古典美与现代派艺术的交织与冲击，形成了他相关理论的感性经验基础。从理论上来说，钱中文开始主要研究现实主义理论，由于是经历深刻反思后的个人自觉自主的选择，他也一直确信真

>>1985 年在卢浮宫米洛斯的维纳斯雕像前

正的现实主义文艺的价值。

现代主义思潮的引进，是20世纪80年代文艺界思想解放运动中的一个重要亮点，钱中文也参与了相关讨论和探索，《现实主义和现代主义》一书就体现了他这方面独特的融会贯通的研究思路。该书《前言》的第一句话是："当我们的文学走出禁锢而获得解放的时候，它会向何处去。"当时文艺界一些人倡导以现代主义完全取代传统的现实主义，"纵观我国和世界文坛，我以为不存在各种现代主义文学流派取代各种现实主义文学流派的趋势"，这显然是一种事实判断。现实主义"是一个不断丰富、发展的文学创作原则，而不是具体的创作方法"——这是他一直坚持的对现实主义的基本认识。现代主义有利于"创作原则、写作方法多样化，显示着创作的真正自由"，其艺术技巧、手法及"艺术思维"等"也可给我们以借鉴，既可以丰富现实主义，甚至也可自成派别"①，但对其中的价值虚无主义，他则一直采取批判的态度——这是他一直坚持的对现代主义的基本认识和判断。

《现实主义和现代主义的几个问题》是钱中文最集中探讨相关问题的一篇长文，该文发表于《文学评论》1984年第1期时的题目是《当前文艺理论中的现代主义思潮》，所针对的是20世纪70年代末以来中国文艺界逐渐兴起的现代主义思潮，包括当时朦胧诗论争中著名的《崛起的诗群》等文中的现代主义理论。该文分三部分：其一，分析了"现代主义文学与欧洲哲学、社会思潮"的关系，指出：现代主义文学与第一次世界大战以来盛行于西方的存在主义、非理性的直觉主义、弗洛伊德主义等非理性主义哲学思潮密切相关②。其二，文章对不同创作原则进行了比较，"在文学发展中，有时的确产

① 钱中文著：《现实主义和现代主义》，第2页、第3页。
② 《钱中文文集》第一卷，第283页。以下引语均出自该书，只在正文中注明页码。

生过文学流派的更迭嬗变现象”,但是,“纵观文学的历史发展,现实主义和浪漫主义作为创作原则和文学主导潮流,实际上是贯通古今的”(第287—288页),而现代主义与现实主义之间也并不是一种线性进步、相互取代的关系。文章强调不能把运用现代派常用的“艺术手法”的所有作家都划归现代主义,或者把这些“艺术手法”说成是现代派所独有的,因为“‘按照生活本来面目’写作,不是现实主义的唯一方式”,现实主义同样会揭示人的“心理现实”,并且也可以运用荒诞、夸张等假定性手段(第290页)。反理性的现代主义文学往往“以混乱反映混乱,混乱将更加混乱,也是一种艺术方式”(第291页),这当然反映了现实生活的部分现实,但现代主义者往往又从抽象的非理性的哲学观念出发,将这种混乱认定为生活的全部现实。其三,从“创作的诗情”来看,“现代主义各个流派关于现实的观点不尽相同,但是总的倾向是对现实的贬低和否定,而代之以自我、梦幻、幻觉”(第297页),描写往往流于卑琐。文章对西方现代主义文艺思潮梳理得比较详细,对当时中国文艺界流行的与现代主义相关的观点作了有针对性的具体辩驳。此外,钱中文《无意识自然本能创作动因说》等文还就影响现代主义文学的各种哲学、心理学思潮如弗洛伊德的无意识理论等进行了探讨。

现代主义与中国当代文学发展的关系,是钱中文关注的一个焦点,其《引进与同化》指出,现代主义文学不是洪水猛兽,它表现了西方20世纪的世纪病,“无可奈何的抗议,伴随着不明真相的诅咒,情辞激切之处,有时还真动人心魄”,而问题在于“虚无主义的绝对否定”。我们引进现代主义文学时还应同化之,“借鉴现代主义文学,我认为不仅仅是个技巧问题。它的艺术思维方式的某些方面也是可以考虑的”(第305页、第307页)。其《文学的诗情——现代主义文学的现实性》一文更是直接提出“我国有没有现代主义文学的土壤”这一问题,而他基本上作了肯定的回答:“文化大革命”塑造的上帝已死，而市场改革的负面影响“使得在那些被损害者的心里，那个乌托邦式的上帝已第二次死去，而且是永远地死去了”（第 312 页）——这两次精神危机，使中国现代主义文艺同样具有与其发源地的西方相近的现实土壤，但是中国独特的民族文化精神又必然使这种土壤发生变化，从而使生长其中的中国现代主义文艺也必会有所变化——其《民族文化精神与文学发展——当代文学与现代主义》一文对此作了更详细的分析。文章强调“不是文学选择生活，而是生活选择文学”，“今天，现代主义不仅影响着中国当代文学，而且进入了中国文学”，原因在于：“文化大革命”中，卡夫卡的“城堡”与“审判”在现实生活中可谓遍地皆是，“正是在这种情况下，中国读者发觉，他们与战后的西欧人的心理、情绪是多么相近，西欧的现代主义作品不再是不可理解的怪物，以至于这种文学的身价愈来愈高”（第 315—316 页）。但是，钱中文认为：“从总体上说，中国当代文学在整体上恐怕难以成为现代主义文学”（第 318 页），原因在于中国特有的文化精神和文学传统，而“民族文化精神准备着作家的文化心理、创作潜能的选择”（第 319 页），文章具体分析了运用现代派手法的中国当代作家作品与西方现代主义文学不相同之处，最后提到了拉美的魔幻现实主义，强调现代主义与现实主义、民族精神与现代意识等可以相互结合。

应该说，钱中文对现代主义的认识是逐渐深化的，与此同时，他对现实主义的认识也在逐渐深化，其《生命在于运动——现实主义是不断的综合和创新》长文，对现实主义的发展作了较为系统的历史梳理。文章从回应现代主义者对现实主义的嘲弄开始，首先从文学发展与传统关系的角度强调对于文学来说“在继承和创新的统一体中，创新是主导”，不同于工艺品的“全面继承”、静止式的继承，“文学继承的根本目的在于创新”，继承中一定程度的重复是必要的，而“重复是为了创造出不可重复来”（第 157—158 页）。现实主义的创新又是在不断综合中实现的。文章从体裁、题材描写尤其从“人物性格描写的演变”的角度描述现实主义的发展轨迹:《十日谈》主要“讲述故事,还未出现人物性格”,莎士比亚、塞万提斯开始重视人物性格刻画,“环境的作用开始受到重视,但还未提到后来的高度”(第165页)。18世纪狄德罗、莱辛对性格描写的认识有了新的变化,菲尔丁的小说开始重视人物性格的复杂性。19世纪现实主义的重大发展体现在“历史主义意识”的加强上。巴尔扎克对人物性格和环境的关系有辩证的理解,“在不同的社会关系所形成的不同环境中找到了人物行动的真正原因”(第169页),通过分析与综合,塑造出了很多“既是典型化的个性,又是个性化的典型”的人物形象。司丹达尔在描写人物性格发展时更强调要深入人物内心世界,而在批判现实主义的发展更新中,托尔斯泰强调要表现人物性格的“流动性”、易变性,重视性格因素的复杂组合及“心灵辩证法”(第173—174页)。“20世纪现实主义的发展,是以多元化为其特征的”(第174页):在苏联,社会主义现实主义的发展有过偏颇,而其

>>1985年在罗丹博物馆巴尔扎克雕像旁

健康发展的同时也吸收了浪漫主义、批判现实主义等不同流派的积极因素。在东欧，布莱希特重视对现代主义合理因素的吸收，同时也批判其中的消极因素，其创新特点非常突出。在西方，批判现实主义是主潮之一，面对两次世界大战给世人带来的灾难，现代主义者描绘出了一个令人悲观绝望的荒诞世界，这自然是一种关于人的生存的深层处境的描写。"不过这时我们却从批判现实主义文学中听到了另一种人性的呼唤，对人的信心的颂歌。""我相信人类不但会苟且地生存下去，他们还能蓬勃发展。人是不朽的……人有灵魂，有能够怜悯、牺牲和耐劳的精神。"诗人和作家的"特殊的光荣就是振奋人心，提醒人们记住勇气、荣誉、希望、自豪、同情怜悯之心和牺牲精神，

>>1985 年在巴黎，左起钱中文、法国学者莱恩哈德、王春元等

这些是人类昔日的荣耀"。这在价值立场上不同于现代主义文学的虚无主义、悲观主义,但同时在人物心理刻画、艺术手段创新上又不逊色于现代派,甚至使用了现代派手法。在拉美,大量综合各种流派积极因素而形成的魔幻现实主义更是"成为20世纪批判现实主义更新的一个重要一翼"(第183—185页,在这方面可能会有争议)。在中国,"从思潮的角度来说,虽曾出现过浪漫主义、现代主义流派,但其主潮是现实主义,是世界文学中的现实主义潮流的组成部分"(第185页)。新时期以来,现实主义也取得了较大的成就,对于反思过去、推动思想解放运动发挥了重要作用,而"新时期现实主义的深化,也表现了创作题材的无限开阔",并充分吸收包括现代主义在内的各种流派的艺术经验、技巧,等等(第191页),并且也开始逐步重视自身的民族文化传统。

钱中文在这方面的探索在其《文学发展论》一书中进行了进一步的概括和总结,该书第八章就重点讨论了"20世纪文学创作原则多元化"的问题,在对现实主义与现代主义两大创作原则系统分别论述的基础上,对两者进行了概括性的比较分析。"划分现实主义与现代主义的原则是理性主义与非理性主义"①;"现实是什么,始终是两大创作原则系统冲突和并存的一个焦点",现代主义"总的倾向是对现实的非理性化,使现实微观化、幻象化、绝对的心理化"(第291页),等等。钱中文不同意一些学者的文学更替说,即认为现代主义文学必然替代现实主义文学的说法,因此,该章还揭示了"创作原则发展的规律性",指出文学现象、文学思潮、流派可能发生更替,而创作原则一旦形成,就会长期存在下去,可能会有变异现象发生,但不可能出现更替。"对于创作精神、原则来说,不能说更迭与替代","不能说一些人在试

---

① 《钱中文文集》第二卷,第288页。以下引语均出自该书,只在正文中注明页码。

验现代主义原则,就说现实主义的概念都已死亡了”,也不能说出现了后现代主义写作,就以为现代主义文学死了。“很明显,消失的、没落的是一时的文学现象,某一流派或思潮,而不是文学的创作精神与原则”(第 314 页)。更为重要的是,该章在讨论“激情、艺术假定性与创作选择的选择”之间的关系时,还对两大创作原则作了进一步的哲学概括和提升:建立在人文理性基础之上的创作,即使采用象征、变形、心理描写等种种手法,也依然是在遵循着现实主义的基本精神和原则,而非现实主义的创作原则往往建立在“非理性主义”的哲学世界观基础上。后来在对现代主义文学的评价上,钱中文有了明显的变化,他将现代主义文学与现实主义文学中的优秀作品并提:“20 世纪是文学艺术不断花样翻新的时代。现实主义文学艺术实时更新自己的手法,拓展生活的广度,深入开掘人生,而 19 世纪的批判精神至今一脉相承,余韵犹存。现代主义文学中不同派别的一些优秀之作,倾情于 20 世纪初的人的生存的艰辛与伤痛,恰如悲怆的交响曲一般,令人回味无穷。”①

对现实主义基本创作原则的坚持,对其他文学原则认识的拓展,又与钱中文对现代性的贯通性的认同密切相关,其《文化与文论——文学理论的反思与问题》指出,“在未来的五十年,从科技、信息、物质方面来说,我国正在建立的是发达国家早已完成的现代化社会,而在我国现代化的社会的整体建设,是否会转向现在西方社会模式和所谓后现代社会及其文化体制,恐怕难以逆料。在这种情况下,建设现代物质文明与现代精神文明,自应成为主导潮流与主流意识”,“现代性在其过去的历史进程中,往往走向绝对理性而酿成灾难,但它毕竟是个未竟的事业”,“对后现代文化也必须抱有分析、鉴别的态度,吸收其积极的、有用成分,排斥其盲目的解构一切价值、精神的虚

① 钱中文:《文学艺术价值、精神的重建——新理性精神》,《文学评论》1995 年第 5 期。

无主义与极力建立自身的话语霸权的趋向”①。综合起来看，在他看来，对于中国当代文学及其理论乃至中国整个社会、文化等来说，“现代性”皆是未竟之业，因而中国整体发展应建立在现代性充分发展的基础上，这后来也成为他“新理性精神文学论”组成部分之一。

三、在中与外之间：历史意识与开放的文化认同

坚持现代性、开放性与自主性相统一的文化认同，历史性与现实性相统一的研究思路，是钱中文文艺思想的重要特征。钱中文高度重视中国文论的民族自主性，这表现为他对文论民族精神、本土化的持续追求，而在他看来，这种自主性又是开放的而非封闭的，或者说只有在充分的开放状态中，中国文论才能真正建构起自身的主体性。割裂传统与现代、古与今、中与外及民族性与现代性等等之间关系及种种文化虚无主义倾向，往往会出现两个问题：非此即彼的二元对立思维较强，尊重历史事实的意识较弱。有鉴于此，钱中文强调，中国当代文论的创新和进一步发展，必须建立在对三大基本传统的继承上，即外国尤其西方传统、中国现代传统及古代传统，而他自己对这些传统皆有比较详细的学术史清理和深入的理论辨析及总结，既从思维方式上也从历史事实上，对民族文化虚无主义及丧失文化自主性的妄自菲薄态度作了有力的回应。钱中文一直倡导一种“排斥绝对对立、否定绝对斗争的非此即彼的思维”、“同时也包含了必要的非此即彼、具有一定价值的判断的、亦此亦彼的思维”，并且认为这种“更具建设性、宽容性”的思维方式可以“使学术史的写作，真正融合了具体的历史性与科学性，把学术史著作

---

① 《钱中文文集》第三卷，第179页。

>>1993 年夏在维也纳参加国际会议后，施特劳斯雕像前

提高到新的水平”①。他对中外理论的学术史清理，就颇能体现他自己倡导的这种理念。

在中国现代文论的外来影响中，“苏化”与“西化”是两个突出方面。对于曾经一度对中国文论影响很大的苏联文论，钱中文作过初步的学术史清理和理论性反思。1988 年，他出访苏联，对俄苏文论的整体发展史有了全面、清晰的认识——这方面的思考主要体现在他撰写的《苏联文学理论走向》一文中。文章开头指出：

① 《钱中文文集》第三卷，第 284 页。

> 苏联文学理论从20世纪20年代末到50、60年代，一直对我国文艺界发生强烈的影响。从当时的历史条件来说，有积极的一面，同时也有消极的一面。值得注意的是，当50年代下半期，苏联文学理论开始批判教条主义、公式化，进行反思、重建的时候，我们仍在大量翻译他们的内容政治化、质量平平的论文，翻译并出版了他们几本文学理论教科书，同时加紧了我们的向"左"转，创造了我们特有的中国式的文学理论模式①。

许多人认识到中国当代文论发展在"西化"中与西方文论的错位而比后者总慢几拍，却没有意识到在"苏化"中与俄苏文论的错位。该文首先介绍了1956年开始由高尔基世界文学研究所写出的4大卷《文学理论》，而钱中文尤其关注其中有关"文学形式的内容性问题，或有内容性的形式"的论述，"它吸收了半个世纪以来苏联自身的和外围的文学理论研究中新成果，新经验"，如结构主义文论、巴赫金文艺思想，等等（第53—54页）。然后，文章又对"历史诗学"在俄苏的发展作了介绍：20世纪50年代中后期出现了大量研究艺术技巧的著作，"这似乎表现为对社会学文艺思想长期流行的一种初步解脱"，而"历史诗学"针对的是"过去的文学理论哲学成分较多，对一些文学理论的阐述，缺乏历史的具体性，文学本身的具体性"（第58页）。其实，20世纪俄苏文论的整体发展史呈现出的是理论流派较多的多元化风貌，只是在30、40年代才出现过僵化的停滞期。在此之前，"20世纪初，西欧国家的一些学者对19世纪的文学研究表示不满，要求文学研究转向自身，这时俄国形式主义学派实际上走在前头"（第59页）。"从60年代到80年代，苏联文

① 《钱中文文集》第四卷，第51页。以下引语均出自该书，只在正文中注明页码。

>>1993 年 3 月钱中文在澳门东西方文化交流——历史与展望国际学术研讨会上

学理论开始摆脱教条主义逐步走向多样”（第 61 页），具体表现为巴赫金著作的再版与发表，俄国形式主义理论家什克洛夫斯基的新著与旧作的出版与再版，雅柯布森的一些著作从英、法、德语译成俄文（有的原为俄文）陆续出版，并尤其体现在形成了以洛特曼为代表的符号学—结构主义文学理论流派，即塔尔图学派，成为 20 世纪世界符号学—结构主义发展整体历史不可或缺的组成部分，深受西方学者推崇。这一切表明：苏联文学理论并非只有单一的庸俗社会学的外在研究，在所谓内部研究上同样取得了重大成果，对此的探讨也使钱中文更加坚定了将外部研究与内部研究相结合的研究路数。

1985 年，钱中文对法国进行了学术访问，其后撰写了《法国文学理论流派》一文,对法国20世纪尤其是60年代以后的文论发展状况作了介绍和分析。文章以"从主导的文学理论到理论的多元化"描述法国文论的变化:60年代以前萨特的存在主义和倾向性、介入性很强的文学观占主导地位。60年代后则出现了声势浩大的结构主义思潮,反对历史观点,强调"把语言结构的研究,视为文学批评的主要任务"。而到了70年代上半期,"历史方法研究、社会学方法、精神分析学派等派别,重又活跃起来,传统批评得到了恢复,在学术领域,形成了与结构主义平起平坐的局面"(第42页)。于是,许多学者都对结构主义进行了批判性反思,但非"绝对的否定":艾尔松认为,结构主义把人这一主体排斥掉了,巴黎的结构主义比东欧雅柯布森的结构主义来得更彻底,它全然不顾历史,而只从语言学、人类学、心理分析学中吸取一些概念;布吕内尔把所谓历史研究法视为"研究文学与历史、政治、社会的关系的文学批评方法"(第42页);孔帕尼翁是历史研究学派的一个重要代表,他认为罗朗·巴尔特研究方法的最大问题是"对历史的割断"(第43页);重视社会学研究方法的莱恩哈特指出,"60年代我和巴尔特、日奈特等人都曾研究过新小说,但他们与参照系数决裂了,搞成了语言游戏",所谓参照系数主要指现实、历史和文学传统等(第44页)。当钱中文提出历史研究会不会出现庸俗社会学问题时,莱恩哈特回答道:"机械的马克思主义在30年代至50年代是存在的,但到60年代结构主义出现后就结束了。社会阶级、教育和文学、文学样式、主题是相关的,但是不能把它们的关系绝对化。从马克思主义观点中是可以吸取有益的因素的,马克思主义社会学中的一些观点是有道理的。"钱中文对此感叹道:"这表现了一位西方学者的卓识。而在我们这里,提倡某些方法,每每是必须以贬斥其他方法为代价,这也是三十多年来形而上学思维造成的恶果。这种思维表现方式,在一些杂志上常可见到。"总之,70年代中期以来的法国文论乃是一种多元并存的格局,而我们的学者则往往以线性的相互取代来看西方当代文论的发展。这种多元并存格局又呈现出“走向综合”的发展趋势:孔帕尼翁强调历史观点与结构主义方法相结合,莱恩哈特指出:“绝对的形式主义已经衰落,最明显的是托多罗夫,他是一位形式主义大师,不久前他在自己的著作里采用了历史方法。”(第46页)钱中文也与托多罗夫进行了当面交流,托氏指出:“结构主义方法要补充、要完善。在综合中,我使用了历史方法、语言学、哲学等不同方法。”(第47页)托氏还介绍说,普洛普、洛特曼尤其巴赫金等苏联理论家对他及法国文论的影响很大。这次学术交流和对话,使钱中文对西方当代文论整体格局有了统观的认识和把握,也使他更加坚定了走自己的综合创新之路。

重视外来文论影响的同时,钱中文也一直高度重视中国民族文化传统,在《文学理论中的“意识形态本性论”》一文结束处,他指出:“无论是欧美的文学理论,还是苏联的文学理论,都有一个共同缺点,即对东方民族的文学理论的历史发展和文学作品,都很陌生,在书中一般全无论述和引证。”(第80页)1993年吉林教育出版社出版了他的《文学理论流派与民族文化精神》一书。2003年他发表了《让东方文化重铸辉煌》一文表达他自己的愿望。文章指出,从外部来看,20世纪是欧美强势文化的世纪,东方文化成了弱势、边缘化的文化。从中国文化内部来看,在一个世纪的现代化进程中,“在很长一段时间里,文化遗产几乎遭到了灭顶之灾的命运”,而“割裂可以得逞于一时,但过后问题就会层出不穷。比如,我们在建设新文化的过程中,绕了不少圈子,漠视过传统,但今天我们仍然要回到传统文化上来”。文学理论建设也是如此,“近百年来的绝大部分的时间里,在我国,各种西方文论真是你方唱罢我登场,一直使我们处于它们的影响之下”。“‘五四’时期,我们不得不以激进的方式,进行批判,以致发生背弃与割裂,疏离了自己的旧有传统。”（第 440 页）“我国的当代文论基本范畴，主要来自外国，在接受中虽不断给以改造，但与古代文论的关系隔绝了已七八十年。”

新时期以来这种状况逐步得以改观，钱中文热情洋溢地描述道：“如果说，80 年代至 90 年代初是我国更新文艺理论的第一阶段，它以大力介绍、吸收西方文论观念为特点，以深入探讨我国古代文论范围，整理、建构文化体系为特点；那么 90 年代中期开始，将是进一步探索、普及、弘扬我国古代文论的新时期，融合多种文论传统的新时期，创造具有我国特色的当代文论的新时期，形成我国文论发生革命性转折的新时期。”（第 433 页）他自己也热情地推动这场“革命性转折”，围绕古代文论的现代转换这一话题，学术界形成了较长时间的争论，分歧不小，但是，在当代文论建设中积极吸取古代文论的文化资源这一总体发展态势已然形成而难以逆转。钱中文在自己体系性较强的专著《文学发展论》中专门讨论了“民族文化精神”，民族传统文化精神资源已成为他理论综合创新中的一个有机组成部分。

更为重要的是，钱中文倡导的交往对话主义，实际上为给民族传统文化以准确定位提供了坚实的理论基础。其《走向对话：误差、激活、融化与创新》一文，就利用巴赫金的“对话性”和“外位性”理论对中国文论如何在与外国文论不断的对话中发展自己，作了精到分析。其《让东方文化重铸辉煌》一文有同样精深的分析：“人们常说对于东西方文学、文化，需要相互平等对待，这当然是良好的愿望。在当今全球化的文化语境中，要改变文化中心主义现象，在我看来，要在双方或者多方的学者中间，确立一种新的哲学观念、文化观、言语观，否则平等关系犹如海市蜃楼。这新的哲学观就是哲学人类学思想；这种文化观，就是多元文化主义而非一体化的文化观”，“以历史唯物主义为基础的哲学人类学思想，确认人与人是各自独立而相互依存的，人的存在是我和他人或‘他者的你’共存为前提的，人的存在是一种交往对话的存在”;而“交往对话只有承认自我与他者自有价值,各自独立,愿意沟通,相互吸取,才能使对话成为可能”,而所谓中心主义往往与非对话性的“独白”密切相关,“把‘我’自己视为中心,则‘我’就不会给予他者以独立性,他者必须依附于‘我’。‘我’就不会通过他者反观自己,发现他者的文化价值,进而在比较中发现自己和自己的特征,达到对自己的真正理解。这种比较是独白,而独白往往不可避免地要走向片面与谬误”(第225—226页)——“西方中心主义”往往会陷入“西方主义”与“东方主义”的两难困境:抹平东方的特性而将其纳入西方就是“西方主义”,而突出东方不同于西方之处往往又会使东方成为西方猎奇的对象从而陷入“东方主义”。问题的症结在于:东方与西方之间所存在的不是一种真正的对话关系,西方的独白、霸权固然无益于东方,但其实也无益于西方自身的发展。进一步说,西方中心主义又与西方文化中的个人自我中心主义密切相关,因此,在全球化的进程中如何在交往对话中使各自文化获得进一步发展,也有待于超越西方传统的文化价值观乃至哲学世界观的出现。在此意义上可以说,钱中文所倡导的交往对话主义在当代又具有国际意义。

对于中国当代文论来说,现代文论是其所要继承的更直接的传统,钱中文对于这方面的研究倾注了很大精力,这方面的重要研究成果之一是2005年由北京大学出版社出版的他与人合著的《自律与他律——中国现当代文学论争中的一些理论问题》一书。中与西的关系又与古与今的关系复杂地交织在一起,钱中文反对一切形式的虚无主义和非此即彼的思维方式:如果说五四以来一些人对古代传统文化采取了虚无主义的割裂的话,那么,20世纪90年代在重视传统文化的潮流中也出现了所谓文化保守主义的偏激倾向,即对中国文化现代传统及其重要影响者西方文化传统也采取虚无主义的态度——这种保守主义与五四激进主义貌似尖锐对立,但在非此即彼的极端思维方式上却存在惊人相似之处。钱中文长文《曲折与巨变:中国百年文学理论回顾》对中国现代文论史作了宏观梳理:中国文论的现代化首先表现为“文学理论自主性意识的觉醒”。19 世纪末,“文学观念的变化主要集中在对待小说的态度上”,康有为已开始竭力提高小说在文学中的地位,梁启超则对小说地位作了更进一步的提高,并大力倡导政治小说,这种政教型文艺观后来成了“我国 20 世纪的显学”。而中国现代文论另一重要源头是王国维等倡导的审美型文艺观,再一重要源头则是通俗文艺所标榜的消遣游戏的文学观。五四运动以来,“为人生”的文学观渐成主流,而“20 年代初与 20 年代中期,是文学观念多样化的时代”,“为艺术而艺术”、现代派、革命文学等不同观念同时并存。作为五四新文学运动的主潮,“‘文学为人生’的思潮,一面反映了现代性的主导方面,但也表现了非现代性的一面,这主要表现在对文学娱乐、游戏说的排斥上”,尤其表现在对王国维审美自主性文学观的“被搁置不问”上——“这是现代性在文学理论中表现出来的悖论”。20 世纪 30 年代以来,强调政治性、阶级性的左翼文学观成为主流,毛泽东《在延安文艺座谈会上的讲话》概括、丰富和发展了这种文学观念。文章充分肯定了这种文学观念的历史合理性,但也揭示了这种观念不能随历史发展而发展及过分忽视文学自主性所产生的消极影响。文章又以“现实主义、浪漫主义与写真实的命运”为题,勾勒了现代文论的创作原则论的发展轨迹:由多元并存,到从 50 年代初至 70 年代末“现实主义、真实性问题逐渐陷入政治化、走向险途的时期”并有“一统天下的倾向”①。以上这些梳理及钱中文其他的相关研究成果,皆建立在大量的原始文献分析的基础上。

① 以上引述参见《钱中文文集》第三卷,第 110—144 页。以下引语均出自该书,只在正文中注明页码。

新时期出现了中国“20 世纪文学理论自主性意识的第二次觉醒”，而钱中文自己也是这第二次觉醒过程的亲历者、参与者、推动者。他的《在蜕变中:新时期文学理论十年》一文从马列文论研究、基础理论研究、中国古代文论研究、文艺心理学、外国文论研究、比较文学理论研究等方面，对文论界所取得的理论成果作了较为详细的介绍。然后总结道，“与外国文学理论相比，我们可能缺乏自成一说、影响一个时期的理论派别”，“但有不少专题著作，就其论题独特性与理论深度来说，外国文学理论中也未见过，所以不好说我们什么都不如别人”(第 82 页)。这是他一直坚持的基本判断，这方面他非常不同意一些学者妄自菲薄的判断。文章从单向学科、学科交叉(美学与文论的交叉、基础理论与古代文论的融合等)、中外文论融合研究等方面，描述了 80 年代以来形成的“多向性格局”，指出应在多样综合中使这种多向性格局进一步深入发展。这种多向性格局又表现为多种并存的文学观，钱中文《面向新世纪:八九十年代中外文学理论新变》一文把这些文学观概括为“认识论”“以人类学本体论为基础的主体论”“象征论”“艺术生产论”等。钱中文自己则倡导“审美意识形态”论的文学观，试图对传统认识论有所超越，但可以说是一种综合式的超越，不同于完全抛弃反映论的割裂式的超越。由此可见他对自身理论建构的自觉定位:在综合创新中保持着与其他文学观念理解性的对话关系。

对当代文论的发展，钱中文有着持续的追踪和总结，他完成于 2005 年的《文化与文论——文学理论的反思与问题》一文概括了新时期至新世纪以来当代文论发展的脉络，揭示了我国文论经历了三次冲击:第一次是 20 世纪 80 年代对庸俗社会学等的冲击，“强烈要求文学回归自身，主张文学的自主性”，冲击的结果是“使我国文学理论初步回归自身”(第 177 页)。“第二次冲击是上世纪 90 年代初到本世纪初 10 年左右时间”，我国市场经济最终确立,西方后现代主义各种文化研究与批评对我国发生了重要的影响,而总体来说,“在这一时期,文化研究与文学理论研究大致是和平共处的”(第177页、第182页)。“但是对文学理论发生影响,最终要以泛文化批评、‘后现代真经’来替代文学理论的研究,从而暴露了文学理论自身潜在的深刻矛盾,酿成了对文学理论的第三次冲击和危机”(第183页),可以说文学理论学科本身的自主性再次面临冲击和挑战。文章对围绕文艺学学科反思中产生的反本质主义、学科边界等的有关论争作了梳理,而坚持文学理论学科及文学本身的自主性,反对以文化研究及宽泛的大众文化取而代之,是钱中文的基本理论立场。

四、对中外文论发展“错位”现象的揭示

由于同时持续关注中国文论与西方文论的发展,钱中文还发现并揭示了中西之间在理论发展上的“错位”现象。他的《面向新世纪:八九十年代中外文学理论新变》一文集中分析了这种现象:在欧美,新批评、结构主义曾经盛行一时,但也受到接受美学、读者反映批评及解构主义的挑战,而20世纪80年代则出现了“一次普遍的回归”,即转向“早已兴起的人文主义式的理论研究”(第89页)。此即通常所谓的“文化转向”,这种转向首先是欧美独特的社会、历史运动、斗争促成的,比如黑人文艺运动、女权主义运动等都带有强烈的政治色彩。其次,这种转向也是欧美文学实践的多样性产生的结果。再次,“文学理论的更新、创新与发展,也是其自身发展的趋势”,文章对托多罗夫基于自我反思对自身理论的突破作了分析(第91—95页)。“与此同时,在我国的文学理论界则是另一种景象”,“其中如形式主义学派、‘新批评派’、结构主义与叙述学的理论,备受赞扬,以为从此中国的文学理论走出

了困境,有法可依了"(第90页)——此即"相互移位"或"错位"现象。出于"补课"的需要,中国学界译介西方80年代以前的"语言转向"中的种种理论是没有问题的。问题在于:不少介绍者认为,文学研究只有限制于这些理论,"才是真正的文学研究,而把文学与时代、现实、哲学、伦理、政治以及作品与作家等问题的阐释,贬得一无是处,出现偏颇,乃至错误"(第96页)。这固然与对西方理论最新进展了解不及时有关,但更与非此即彼的二元对立思维方式有关。文章最后一部分的标题是"走向不断对话、综合与更新",分析指出:西方文论的回归"并不是复旧和简单的重复,而是带着新的内涵与特征了",比如所谓"新历史主义"就与旧的历史主义不尽相同(第105页)。

>>1993年在澳门"东西方文化交流"国际学术研讨会间,左起张显清、张海鹏、龚鹏程与钱中文

“如果对近百年来现代性的追求进行反思，那么对我们的思维方式应该给以严重的注意了”，政治上的你死我活的斗争使我们养成了非此即彼的绝对的二元对立的思维方式，“应该是建立健康的思维方式的时候了”（第143页）。对“错位”现象的认识，使钱中文更加坚定了自己的理论选择和定位，即走综合创新之路。

钱中文《文学理论：走向交往与对话》一文更具体地讨论了“20世纪中外文学理论发展的两次错位问题”：第一次错位发生于“20世纪初到70年代末”，此期，“中外（主要指西方）文学理论都面临着确立与充实实现自身的主体性问题。一个十分有意思的现象是，这一阶段的西方文学理论批评，与这一时期的中国文学理论批评相比，在理论倾向上恰恰形成了一个‘错位’。所谓错位，主要指双方探讨的问题与兴趣方面，起着正好相反的方向而形成鲜明对照”（第361页）。在中国，19世纪末20世纪初，梁启超等对政教型文艺观的鼓吹已埋下了后来文学理论失去自主性而走向极端政治化的伏线（第362页）；20年代五四文学革命转向革命文学后，中国文论急剧“向外转”；到了“文化大革命”走到了极端，也走到了它的终点。与此同时，西方所谓的“语言论转向”却正在经历着“向内转”，形式主义、结构主义文论日渐成为主流。20世纪80年代，西方重新“向外转”，而中国则在“向内转”，于是形成第二次错位。钱中文一直强调中外文艺、文论、文化比较研究之于中国文论建设的重要性，他的“错位”说乃是中西文论比较方面重要的学术成果，其重大价值在于：它不是简单地罗列现象的比较，而是对中西文论发展史规律性现象的理论揭示和概括。他认为，这种“错位”是由中西方各自不同的社会历史、文艺发展状况及各自理论发展的不同需要造成的——这可以说是对历史的“同情的了解”。“错位”中“中外（主要指西方）文学理论都面临着确立与充实实现自身的主体性问题”这一判断表明：他并不仅仅把通常所

>> 1993 年 7 月在张家界，左起二钱中文、佛克马、郭宏安

>> 1993 年国务院学位委员会中国语言文学学科评议组成员有方汉奇、李荣、张永言、陆梅林、戴庆厦、郭豫适、钱中文、裘锡圭、章培恒、叶子铭、郭志刚、李准、格日图勒、哈米提等

>>1993 年钱中文主编《文艺理论建设丛书》座谈会，左起陆贵山、刘丛星、钱中文、杜书瀛等

谓的“向内转”看作确立文论自主性的唯一方式，不走向极端的“向外转”同样也是文论寻求自身自主性的一种方式。在两次错位尤其在第二次错位中，可见中国文论界“跟着说”的疲于奔命的窘迫状况，如以此为“正路”“就会失去理论的自主性，影响主体性的建立”（第 364 页）。而在“错位”中，“当双方在理论问题上认识各异，兴趣各别，缺乏必要的共同性时，是难以进行交流与对话的”（第 361 页）——由此来看，中国文论在“错位”中向西方开放、“跟着说”“接着说”以至于“与国际接轨”也具有历史的必要性，但是如果仅仅停留于这种状况而不向“对着说”迈进，则“中国文学理论批评就无以自立”。当然，由此也可见钱中文所倡导的综合创新是建立在他开阔的文化视野和深厚的历史意识之上的。有关中外文化、文学的关系，钱中文在讨论“全球化”中也作了进一步的分析，容后详论。

钱中文有着非常自觉的“立足点意识”，一直不懈地追求着自己学术研究的理论定位，到了其更成熟的理论发展阶段，他提出的“新理性精神”，也可视为他对自己理论体系的基本立足点的一种新的更具哲学概括性的定位（详论见后）。

第四章　文学观与方法论的定位

理论定位最终要落实为文学观和方法论的定位。20世纪80年代中前期，文学研究中出现了方法论热和文学观念热。当时的文艺理论中对认识论、反映论、文学意识形态论不遗余力地进行批判，钱中文则自有主意，在思考《文学原理》的写作中，他在矫正认识论、反映论机械性、片面化乃至庸俗化的基础上，提出并阐释了"审美反映"的理论；又从被简单化了的意识形态论中解脱出来，从发生学探讨了人的审美意识的生成、"审美反映"的过程，结合后来言语文字的出现与丰富，提出并阐释了文学"审美意识形态论"。80年代后期，当文学自主性被过度强调而文学和其他意识形态、文化现象的联系被不断受到否定时，钱中文在《文学发展论》中将文学置于文化系统之中，阐释了文学发展与审美文化和非审美文化的各种关系。80年代中期至90年代初，钱中文对文学研究的方法原则有持续的思考和探索，提出"主导、多样、鉴别、创新"（见"文艺理论建设丛书"前言）的原则；基于对话的思想，《走向对话：误差、激活、融化、创新》一文提出实现理论对话的具体方法。这些探索,初步总结出了一个世纪以来中外文学理论各自的特征以及它们的借用、交织、错位与影响等规律。

在20世纪80年代初中国文艺创作繁荣的背景下,更新文学观、方法论的呼声逐渐浮出水面,文学观念与方法论的更新,也就成为新时期文论发展中的两个亮点,而钱中文则是其中的亲历者和策动者:1985年被称为“方法论年”。4月,在扬州大学召开“全国文艺学与方法论问题学术研讨会”,钱中文做了大量实际工作,在发言中肯定了方法论问题的重要性,同时也强调了文学观对方法论的制约作用。会后,他参与主编了《文艺理论方法论研究》一书,1987年由湖南文艺出版社出版。1986年被称为“观念年”。他主持了在苏州召开的“全国文学观念学术研讨会”并致开幕词。当时的中国文论界,出于对庸俗社会学的他律文艺观念和研究方法的反感,矫枉过正,许多学者倡导纯粹的审美、彻底的自律和单纯的内部研究,这同样体现了思维方式上非此即彼的二元对立的特点。而钱中文对二元对立思维方式的超越,在文学观上体现为对自律与他律相融合的不懈追求,在方法论上则体现为对主导与多样相统一的综合创新的执着探索。辩证圆融的文学观与综合创新的方法论,也就成为其文艺思想的两个基本特征。对历史事实的清理、反思与理论创新,往往是个循环往复的对话过程。一方面,在对具体理论问题的研究、对中外理论史的清理和反思之中，钱中文逐步形成并不断发展自己独特的文学观和方法论。另一方面，他也立足于自己的文学观、运用自己的方法论，不断重新审视历史，并对不断出现的新的社会、文艺、文化与理论现象作出自己的回应、分析与判断。

一、在自律与他律之间：辩证圆融的文学观

钱中文在“全国文学观念学术研讨会”上致开幕词时指出，“当前，我国社会正经历着一个重大的历史变动过程”，“原有的文学观念，曾经产生过一定的积极的影响，可是由于长期受到庸俗社会学的影响，教条主义的干扰，囿于一些框框条条，使自身失去了理论的自主性”，“更新文学观念的呼声，从80年代初开始，便日益高涨”，首先出现“方法论热”，“外国文学研究的多种方法相继介绍过来，一些方法是属于人本主义性质的，一些则是自然科学中广泛运用的方法。到1984—1985年间，方法的介绍一时形成了一股热潮，而被人们称为‘方法论热’。对于这一现象的出现，我以为要把它看作是文学理论开始转向自身、获得自主性意识、走向理论自觉”的表现。“在方法方面，我们可以使用审美的、历史的方法，也可以采用新批评派、结构主义、精神分析、文学接受理论的方法，以及某些自然科学的方法，在实践中采取主导的多样和综合的研究。”“1985年是方法论年，1986年将会是文学观念年”，其中，“对文学中的主观因素的重视，是文学理论走向更新的一个重要标志”①。它们“相当彻底地震动着整个文学理论界和批评界”，“逐渐破除了理论思维的单一性，建立了思维的多向性选择”，“文学观念的多元化，必

---

① 《钱中文文集》第四卷，第419—421页。以下引语均出自该书，只在正文中注明页码。

>>1994 年 6 月在美国普林斯顿大学国际比较文学国际会议上

然导致文学理论的多元化，这种格局正在形成之中，并将成为我们时代的思维特征而继续发展下去”（第 424 页）。方法论热、文学观念热，产生了极大的轰动效应，“像过去搞运动似的那样热烈”，这有其积极的一面，但也有消极的一面：“西化现象普遍存在，华而不实、哗众取宠的学风随处可见，‘新名词大轰炸’的现象是存在的”，这些均是“文学理论中的浮躁表现”（第 427 页）。钱中文肯定其积极的一面，但也指出：“听到一些朋友说，前几年的方法论热、文学观念热，并未产生什么结果。如果我们习惯于过去种种运动的轰动效应，并以此为追求，那么确是可以这样说的。”但他强调，“真正的学术成果，是建立在广泛而深厚的知识积累、对问题的全局把握、敏锐而独到的观察,还有老老实实的科学态度的基础之上的”(第 424 页)。他的长文《自律与他律——20 世纪 30 年代中期前文学观念之争》就颇能体现他自己倡导的学术理念:对相关原始文献的详细收罗、整理,体现了“老老实实的科学态度”和“广泛而深厚的知识积累”;而用“自律与他律”这对范畴来重新描述文学观念的发展史,则体现了他在“对问题的全局把握、敏锐而独到的观察”中形成的高度的理论概括力。

《自律与他律》按时序分四部分:

(1)首先,该文讨论了“现代性的反思、批判与文学观念的现代化需求”,“一百多年来,文学观念的演变,正是在现代性的策动下进行的”;而“文学观念的主导旋律,则是启蒙与救亡”;1840 年前后,“文学观念开始脱离千年传统而表现了新的时代意向”①。

(2)接着,该文讨论了“现代性与文学观念多元表述与论争”,“现代性的反思与批判是互为依存的,它们都指向传统文化中的保守、落后的一面。现代性的文化反思与批判,引起了审美现代性的演变,新的审美话语的产生,文学文体的新生,新的文学观念的形成”(第 5 页),康有为把小说的地位提到可与“六经”争衡而并列为七的高度,而“梁启超在文学话语、文体现代化进程中无疑起着重大作用”,他倡导诗界革命、文界革命,更主要的是对小说地位不遗余力的提高。该文把梁启超的政治文艺观具体概括为“政教型”文艺观,而“如果说,梁启超由政治批判、政治改良而走向学术、创作,而形成了政教型的文学观,那么,稍后的王国维则是从哲学、学术批判入手,建立了一种批判政教型文学观并与之相对峙的文学观,即形式上的无功利说的文学观。这一文学观吸取了当时最新的西方哲学思想,突出了文学的自律性特

① 《钱中文文集》第三卷,第 3—4 页。以下引语均出自该书,只在正文中注明页码。

征,背离了我国原有传统的文学观",并由此"也成为我国20世纪文学观念论争的起始"(第14页)。文章对此作了高度评价:"王国维在20世纪初就标举文学、哲学的独立,表述了它们的自主意识与要求,这在当时确是难能可贵,在学界简直是空谷足音","就文学观念的现代性而论,无疑是显示了当时所能达到的高度的。"(第19页)

(3)以上还只是文学观念现代化的"首演","五四文学革命和文学转型时期,创建了真正意义上的现代新文学,文学观念显示了现代性的突进"(第4页),而现代性的突进与文学观念的激变又体现在"自律与他律之争"之中。胡适、陈独秀等不遗余力地倡导文学革命,周作人倡导"人的文学"、"平民文学",反对纯艺术派。而其后来的"人生的艺术派"、"人的艺术派"及至"人生的艺术的要点,有独立的艺术美和无形的功利"等说法,又有强调他律与自律统一的意思。文学研究会的沈雁冰"把纯艺术论和文学为人生的两种文学主张作了相当清楚的区别,倾向性十分鲜明"(第35页),但也提出"对于为艺术的艺术与为人生的艺术,两无所袒",并未走向极端的功利主义。创造社的文学观则带有一定的"为艺术而艺术"的色彩,反对"人生派""把艺术看作工具,想利用来宣传主义",但对主观表现、主体精神的高扬也使其未成为极端的形式主义派。该文分析指出:"至于文学研究会和创造社这两个文学团体围绕文学观念的论争,大体可以说是文学的自律与他律之争,当然情况还要复杂一些","在文学的主体性的强调与文学的功能问题的认识上的论争,就表现了自律与他律的不协调性"(第48—49页)。

(4)由五四时期的"文学革命"而转入其后的"革命文学","加强了向政教型文学观念转化",钱中文用"文学观念的亢奋,向他律的倾斜与对他律的越界"(第51页)描述这种转化:此期的革命文学、无产阶级文学论明显地受到了俄国无产阶级文化派等极左思想的影响,强调文艺的阶级性、"一切的艺术，都是宣传”，扩大文艺的社会功能。钱中文最后总结反思指出：“文学的他律是文学自身内涵的一个方面，这几年的论争主要表现在这一方面，但是在具体问题的论争中不仅倾斜于他律，而且大大地溢出了他律、超越了他律，竟使文学完全成了政治手段、武器与工具，使得工具论大为流行，认为艺术价值不仅依附，而且完全取决于政治价值”。这种文学观念在五四时期已初露端倪，越到后来越走向极端，“在特定时期收到了不少积极的成果，但是理论的绝对化与简单化，对后世文学特别在‘文化大革命’中也产生了严重的消极影响”（第75—76页）。

>>1995年济南在中国中外文艺理论学会成立大会上，左起二刘烜、吴元迈、钱中文、许明、童庆炳、陆贵山等

《自律与他律》一文运用了大量翔实的原始文献，并梳理了相关论争涉及的国内外社会历史状况、文化思潮等，具有较高的学术史价值。当然，在理论上，由此文可以看出钱中文辩证圆融的文学观变得更加清晰了，在他看来，自律与他律之间复杂的协调、错动，是文学及其理论发展史中的一条重要脉络，并且也是影响、推动文学及其理论发展变化的一种重要的结构性力量，尤其对现代文学及其理论来说更是如此。该文还分析了现代通俗文艺所体现出的文艺观，认为现代通俗文艺具有“消遣性、趣味性”与“商品性”两大基本特征。其《文学发展论》一书揭示“大宗文艺”“这类文化、文艺作为商品文化的重要特征是粗俗化，它以懒得思索、厌恶思考的平庸趣味为其准则”，大致可以将其概括为商业娱乐型文艺观。实际上，钱中文认为在五四新文学运动中受到批判的以鸳鸯蝴蝶派为代表的通俗文艺及其观念同样具有“现代性”，而“这一时期的文学观念也表现了现代性的悖论的一面，这主要体现在对于文学的娱乐、游戏特性的绝对的排斥上，对通俗文学的否定上”。“更为失察之处是，王国维引进的文学游戏说，实为文学功能不可或缺的组成部分，是使文学独立于政治、哲学的文学自主性的表现，但由于与当时潮流不符，文学的自律说于是被搁置起来了，虽有其时代的合理性成分，但在理论上是偏颇的，有失误的，在后来几十年间发生了消极的影响。这是现代性在文学理论中表现出来的悖论”（第50页）。

二、在主导与多样之间：综合创新的方法论

“理论制约着方法，方法服务于理论”，文学观上的“自律与他律”的关系，又与方法论上的“内在研究与外在研究”的关系密切相关。20世纪80年代，在对马克思主义文艺思想的反思中，钱中文就开始强调“审美的”与“历

史的”文艺批评方法的统一(见前),在当时“文学回归自身”的潮流中出现了极端唯美主义的倾向,他的文章《审美方法的选择与可能》对这种倾向进行了辩驳,指出这些倾向“都以文学创作的某一或某些方面,当成了文学的本体,制造了理论的片面性。在我看来,应该根据文学自身实际存在的各个方面来构架文学本体,使其比较全面地展现自身”①。其《文学社会学的建设》一文分析指出:本来“审美的、历史的”方法论是马克思主义文艺学的基本特色,“但是几十年来,我国文学研究实际上搞的是社会学的文学批评,审美的方法并未受到重视”,以至于后来出现极端的“庸俗社会学”。对此加以批判性反思是非常必要的,但是“许多人又断然不分社会学方法与庸俗社会学方法的区别,往往把它们捆在一起加以挞伐。什么方法都好,就是不能容忍社会学方法”——针对此,该文实际上提出了重建“文学社会学”的构想:文学社会学的研究范围“实际就是生产、产品、消费中的各种问题”(第91页、第93页)。在审美的、内在的、形式结构的研究盛行的80年代,钱中文的这种构想似乎有些不合时宜,但“时间”往往会展露种种极端主义观念的谬误:90年代中后期为我们理论界所热烈追捧的西方“文化研究”,其主导的方法正是“社会学”方法。其实,只要置于有足够宽度与长度的宏阔的历史视野中,种种极端主义观念就会显得非常可疑了。钱中文揭示的中西文论发展的第二次“错位”现象,其实就是指:80年代,当我们热衷于“内部研究”时,欧美的“外部研究”却正如日中天。钱中文指出:“80年代中期以前,我国的文学理论在逐渐摆脱政治、伦理道德统制的时候,我们较少想到,可以在摆脱原有的局限的基础上,把它们提升为文学理论的社会、历史诗学研究。及至外国的文学理论转向了外在研究、文化研究,才使不少人意识到,

① 《钱中文文集》第四卷,第169页。以下引语均出自该书,只在正文注明页码。

>> 1996 年第 6 次全国作家代表大会，左二起叶廷芳、朱寨、何西来、徐坤、王善忠、钱中文与樊发稼

社会、历史诗学、文化批评、文化诗学都是各个具有广阔前景的场地。”（第443 页）但是，至今我们的理论界似乎依然没有摆脱非此即彼的线性思维方式：当我们热衷于外在的“文化研究”这种新时髦时，种种内在研究的方法又被当作过时的东西而弃之如敝屣了！钱中文《会当凌绝顶：回眸 20 世纪文学理论》一文分析和研究了西方文学理论中的“语言论转向”和新的“文化转向”。“本世纪初开始，‘外部的’研究实际上一直受到非议。现今的从内向外转移就是，转向社会学、历史学、新历史主义、马克思主义文学批评，甚至转向带有强烈政治倾向的反种族主义、女权主义的文学批评。其实，其中一些文学批评派别，在‘内部的’研究盛行时，也从未中断过自己的研究，现在只是更受人注意而已。”西方当代文论的发展也绝非单线型的格局，“内在研究和外部研究都是文学研究，各有长处，都有局限。双方的交叉研究，将是

一种取长补短的综合，可能真正会描绘出文学的‘独立’形态来”[①]。钱中文一直重视中外最新的理论成果，同时又不为种种理论时尚所左右，坚定地走着自己选择的综合创新之路，以逼近“文学的‘独立’形态”。

在20世纪80年代的思想解放运动中，所谓“片面的深刻”的矫枉过正的做法受到推崇——这在特定的历史时期自有其特定意义，但是，根据自己对历史的反思和认识乃至自己个人独特的生命经验和感悟，钱中文坚定地选择了综合创新之路。其《文学理论：观念与方法》指出，“如何才能全面、深入了解文学现象，综合研究看来是必由之路”，“事实上，编写文学史、世界文学史，必然要运用综合研究、系统分析、比较研究等多种方法，单一化的研究方法，是难以对复杂的文学现象作出科学的概括的，甚至也很难使微观的研究深入下去”[②]。其《主导·多样·综合：一种趋势——文学研究方法漫议》首先对80年代各种新方法进行了分析，然后强调“不同方法所处层次不相同”，“总体方法论”与“专门性的学科方法”有所不同，文学研究方法是开放型的、多层次的，“研究方法的多层次性，为综合研究提供了可能，不过综合不是随意的凑合，而是在多样方法的基础上进行自觉的有主导的综合”，“综合可以形成方法的开放性结构”[③]。置于20世纪80年代“方法论热”的历史语境中来看，这些论述乃是对当时方法论探讨的一种理论反思、概括和总结。许多学者往往选择从西方引进来的一种新方法，钱中文则自觉地选择了综合运用多种方法，他指出：“有主导地走向综合，也是国际上文艺理论研究中的一种趋向。如前所说，原来遵循科学主义的一些西方学者，也已意识到自己的方法观念的局限性，而把人本主义的某些原则引入了自己的研究，

---

① 《钱中文文集》第三卷，第162页。
② 《钱中文文集》第四卷，第6—7页。
③ 《钱中文文集》第四卷，第164—166页。

如某些结构主义理论家；而所谓后结构主义，实际上又正是对科学主义方法的一种反拨。"[1]综合运用多种方法——无论是理论研究还是创作上的，就涉及如何对待传统方法以及新方法等问题。钱中文《继承，鉴别，才有创新》分析指出，经过20世纪80年代不断引进西方文艺思潮的种种热闹以后，应有一种深刻的反思，而这"无疑是一种思绪、心态的调整，它使我们感到，要建设新的文艺，必须沉潜下来，在有中国特色上下工夫，在传统、继承、鉴别、创新上下工夫"。文章指出，对我们所面临的三种传统即我国古代传统、现代的传统及西方传统，都要加以继承、鉴别[2]，如此，才能走上真正的综合创新之路。

三、文学观、方法论探索的结晶：《文学发展论》

自律与他律相统一的辩证圆融的文学观、主导与多样相统一的综合创新的方法论，在钱中文提出的"审美反映""审美意识形态"论中有重要体现（当然也可以说这些理论体现了他对自律与他律融合不懈的追求），而在其体系性极强的《文学发展论》一书中也有集中体现——该书第三、四两章概括性地讨论了文学观念和方法论问题。第三章"文学观念的形成与演变"梳理了中外文学观念的演变史，强调"无论在我国还是欧洲，在19世纪之前，可以说不存在现代人那种对文学的理解"[3]，而"19世纪是欧洲文学观念急剧变化的时代，其特点是各种文学观念蜂起，形成了不同的学派"，"19世纪多种文学观念自成系统。有斯达尔夫人和泰纳的文化历史学派的文学观

---

① 《钱中文文集》第二卷，第99页。

② 《钱中文文集》第四卷，第177—178页。

③ 《钱中文文集》第二卷，第54页。以下引语均出自该书，只在正文中注明页码。

念，由此进一步演化而成的社会学派文学观念；有圣佩韦为首的传记学派的文学观念；有别林斯基等人的历史审美学派的文学观念；有德、俄心理学派的文学观念；有德、俄神话学派的文学观念。此外还有19世纪末出现的象征主义文学观念和马克思主义的文学观念，等等”（第60页）。某种程度上可以说这些不同文学观念的分化、发展，恰恰标志着文学现代性的成熟，“说明了文艺学作为科学已开始觉醒”。钱中文又对这些纷繁复杂的文学观念作了概括：“如果我们大致把它们归纳一下，则可以看到，一类文学观注意的是文学与其他因素的关系，通过这种关系的联结与分析，来理解文学；另一类文学观注意的是文学作品本身的构成因素的发掘，来理解文学。我们可以在20世纪的文学观中看到，这两种倾向，是如何汇集着各种矛盾与冲突，引起进一步争论与对文学进一步加深认识的。”（第66页）钱中文以“对峙”描述了20世纪不同文学观念的进一步分化、发展的格局，首先是“科学主义文学思潮的突破性尝试”，“文学艺术中的形式主义早在20世纪的第二个十年里就正式形成了，如前所说，它的出现是对19世纪实证主义文学观的一个反动，这也是文学自身特征认识深化的结果”（第74页）。与之并峙的人本主义文学思潮如表现主义、精神分析、原型批评和接受理论的文学观等也取得了较大实绩。而20世纪后半叶则形成了后现代主义的解构主义的文学思潮。这些不同的文学观念和思潮“形成了在人本主义与科学主义对立中有关文学本质的多种不同的理解”（第92页）。该书对中国古代、现代的文学观念发展史也作了简要梳理。

文学观的多元化、方法论的多样化，已经成为既成的历史事实。问题在于如何看待这种历史事实，尽管其中的一些观念、方法存在偏激、片面之处，但显然也都能昭示文学活动整体的一些侧面。《文学发展论》第四章在第三章历史梳理的基础上进行了理论总结，首先指出文学是多本质的，多元化的文学观念就揭示了这种多本质性;相应地,文学研究的方法也应是多样化的。钱中文强调,“在多样的基础上,形成一种综合的观念”,而这种多样的综合又非毫无系统的大杂烩,“而是一种有主导的多样和综合”,方法论的这种主导方面就是“既强调科学、逻辑、本体论,又注意历史观点、人的主观能动作用”(第 98 页)。同时,研究文学观念的系统方法也应是多层次的,钱中文认为可以从四个层次展开研究。在我们看来,这四个层次大致又可概括为逻辑(共时)与历时(历史)的两大方面:第一大方面讨论文学的本质、本体问题,第二个大方面则考察这些本质、本体的历史演变。第一个层次使用的是“审美哲学方法”,在这个层次上,他提出了“文学是审美意识形态”这一重要命题,其重要的方法论特点是超越了传统仅仅停留在哲学层面上的“文学是意识形态”的简单化命题,只有通过“审美”这一不可或缺的中介,文学才能真正显示出自身的独特本质。第二个层次则是运用多种方法探讨“文学本体的诸种特征”,即“作为审美意识形态的文学存在的形式”。在这一层次上,钱中文批判性地利用形式主义、结构主义等理论方法提出“文学是语言结构的审美创造”的命题。综合运用反映论、主体论、艺术生产论等理论提出“文学是主体的审美创造与审美价值创造系统”。最后充分运用接受理论等提出“文学接受是文学审美价值的再创造系统”,这一层次的研究尤其可见其文艺思想综合创新的特征。如果从艾布拉姆斯提出的所谓文学四要素来看,第一层次的研究主要涉及文学与世界的关系(可以说是外部关系),第二个层次涉及的则是作者、作品、读者这些文学活动的内部要素——艾氏只是提出了四要素,文学活动大致也不外乎由这四要素构成,他并未对这四要素之间的关系作具体分析,而钱中文则从紧密联系的两个层次对这四要素作了系统性、贯通性的分析——打通这两个层次、四要素,尤可见钱中文文艺思想严密的逻辑性及其理论的系统性,当然也可见其对外部研究与内部研究等的融会贯通。

《文学发展论》一书的结构安排,也可见钱中文辩证圆融的文学观、综合创新的方法论,第一编“文学发生与文学本体观念”、第二编“文学本体的发展”大致属于内部研究,但已是经过他改造过的已远远不同于形式主义、结构主义的相对狭隘的“作品本体论”了,除了讨论体裁、风格等作品形式结构因素外,还讨论了创作个性等主体因素及流派、思潮、创作原则及其演变等历史因素,这似可概括为动态的发展的“文学活动本体论”。而第三编“文化系统中的文学”则相对而言是一种外部研究。第四编“文学史问题”则表明具体的文学史研究必须综合外部的社会文化研究与内部的本体论研究——此亦可见清晰严密的逻辑脉络。讨论文学发生的章节运用了人类学、发生学、神话学、原型研究等方法,则可见其研究方法的多样性。“文学本体”(不同于“作品本体”)这一表述本身也可见钱中文自己基本的文学观念,即对文学“自主性”的坚持,而文学的“自主性”又恰恰是在“现代性”的不断生成中凸显出来的。在对图像冲击文学、文学死亡论、以文化研究取代文学研究(文学理论的学科边界)等话题的研究与回应中,也可见钱中文对文学及文学理论“自主性”“现代性”等一以贯之的坚持,而这与他长期研究得出的基本判断即中国现代文论的发展是“不断寻求自身现代化,确立自身主体性的过程”是相吻合的。

钱中文《会当凌绝顶:回眸20世纪文学理论》一文讨论了“俄国、苏联文艺理论思潮的演变”“文学理论中的‘语言论转向’”“主体性、‘内部的’‘外部的’研究问题”“我国文学理论的几个特点与古代文学理论的现代转换”等问题,由此可见其理论建构广阔而深厚的知识背景,也可见其对文论现代性、开放性与自主性相融合的不懈追求,更可见其作为理论家贯通古今、融合中外、综合创新的文化气度。

第五章　审美反映论

经过不断的反思和探索，20 世纪 80 年代中期，钱中文提出了“审美反映”“审美意识形态”等一系列理论范畴，这标志着他已逐步探求到了自己的理论创新之路。如果说以上章节主要勾勒出了钱中文文艺思想发展轨迹的坐标系的话，那么，这些理论范畴则构成了其文艺思想发展轨迹的“结点”。同时，这些理论范畴也受到了其他学者的重视，并各自从不同的角度对此加以阐释和发展。因此，可以说它们是在开放的交往对话中形成的，也可以说是中国当代文学理论研究者集体智慧的共同结晶。

一、反映论的两次被简单化、庸俗化

在中国当代文论史上，“反映论”经历了一段大起大落、对比悬殊的历史。“反映论”曾经受到过度诠释。新时期以来（特别是 20 世纪 80 年代），“反映论”又受到不断批判、挞伐，一度威信扫地，这种落差反映了人们对它极度不满的情绪。鉴于特定时期“反映论”之于文论和文艺创作的不良后果,这是可以理解的,也是亟待反思的。但是,如果仅仅根据这些后果(有许多后果则由曲解或错误阐释所致)来判定其价值,并采取泼水弃婴的态度,显然是不科学的、不可取的。为此,需要还原其真实面貌。这样,也就应该正视"反映论"在当代文论中的两次被简单化、庸俗化的命运。

实际上,文艺中存在着机械反映论、庸俗反映论或简单反映论,这种反映论曾经长期支配着中国当代文学界。主流理论家们经常宣传哲学意义上的反映论,并以此作为文艺创作的指导。他们片面地强调文学是生活的反映,同时动辄以生活事实为参照,来裁判作品、评价作品。结果,这种做法脱离生活的实际、文艺的实践,一段时间内出现了假、大、空的作品。这样的"反映论"在理论上显然缺少对反映进行中介环节的分析,忽视反映过程中的主客观之间的复杂关系、主体的能动作用,忽视主体的情感、想象、无意识、灵感等重要因素,却一味强调主体的世界观、思想的改造,等等。在创作方面,有些刚刚涉足创作的作家在运用反映论创作时,则机械地、简单地、刻板地复写生活,既没有认真观察、选择、提炼生活,又没有调动主观能动性,真正地投入到创作的情感、想象中去,这样的作品自然缺乏生活实感,难以感动读者。

新时期以来,理论界开始清理"左"的文艺思想的不良影响,反思"反映论”也成为学界的共识。反思应该是科学的、理性的，但是，人们对“反映论”的极度不满导致了情绪化的态度，而文艺创作和各种外国新思潮的影响，又加剧了这种情绪。在这种背景下，认识论、反映论的文学理论遭到了普遍的怀疑，甚至被抛弃，成了保守、过时的“代名词”，而且，许多文学理论的新命题都源于对它的直接反拨或替代。简单地、机械地对待“反映论”的倾向又出现了。这些倾向具体表现为：反映论是一个哲学原理，不适用于文学创作；反映论是机械的、庸俗的、简单化的，应该被抛弃；反映论排斥主体和主体创造，反映是被动的僵死的反映；唯有否定、抛弃，才能够超越反映论。在20世纪80年代，新思潮、新思想对于学界有着强烈的吸引力，主体论、象征论、本体论等文艺观被视为文艺观念的最新进展。这样，“反映论”又面临着新的危机：对认识论、反映论的批评几乎成为一种条件反射，轻则被当作嘲讽、宣泄的对象，重则被作为靶子和文论发展的障碍而予以讨伐，甚至必欲除之而后快。实际上，这种评价凭借的是一股否定的热情，它不辨原意，把反映论和认识论与文艺学中的简单化、庸俗化放在一起予以批判。结果，只是继续重复着线性的、非此即彼的思维方式，并以庸俗化的思想批判庸俗化。

在这种情况下，是简单的否定、抛弃，还是对此进行科学的辨析，继续利用其合理的因素为我所用，以提出具有阐释力的理论？这个问题对于没有思想包袱的年轻学者来说，似乎不是什么问题，他们可以轻松地选择符合自己口味的新学说。但是，对于钱中文这一代长期受现实主义文学观念影响的学者而言，轻易地否定“反映论”是不可取的。既然如此，就应实事求是地面对它，并作出合理的、科学的解释，这的确是对耐心、勇气和理论修养等方面的严峻考验。在这种情况下，钱中文并不理会别人对反映论的曲解和批判，从正本清源式的清理中进行了冷静的还原、发掘和改造工作，既还原了“反映论”的本意，又阐发出了新意。实际上，他面对的是既有“文革”前对

>>1997 年在华中师大“百年文论”讨论会后，左起杨义、黄曼君、钱中文、孙玉石、温儒敏

“反映论”的歪曲，又有新时期文论界的新的误读，正是在对新旧误读的辨析、纠正和反思中，他建立起了自己的“审美反映”说。

二、从反映论到审美反映

钱中文在写就于 1982 年 2 月、发表于 1893 年初的论文《论美学的、历史的文艺批评》中，提出了艺术“审美地反映生活”的问题；1984 年在一篇关于文学研究方法论更新的文章里，提出文学创作是“审美反映”说。同年，童庆炳在他的《文学概论》一书中也提出了“审美反映”说。这年，钱中文开始写作长文《最具体的和最主观的是最丰富的》的初稿，反复修改后于 1986 年发表，其中对“审美反映”作了较为详细的阐发，得出了科学的、颇具新意的结论。

首先，他认为哲学认识论和文艺反映论有共同之处，但是又有区别。在新时期文论中，反映论或者与认识论一起受到批判，或者被当作认识论给以批判，这种含混式的理解妨碍了对反映论、认识论的正确认识，并使文艺反映论承担了不该有的批评。应当承认，认识论与反映论有相同之处，反映中包含着认识，认识论也往往是通过反映论来展开的。但是，两者的不同之处也是明显的，反映不仅仅在于认识，它要比认识宽泛得多、内容丰富得多，而且，反映中总是显示着感性的、审美的因素。因此，不能把它们一视同仁。

>>1998 年 9 月南开大学，左起罗宗强、傅璇琮、钱中文

同时,应该客观地、科学地看待认识在文艺中的作用。尽管我们曾经过分地强调这种功能,但是,文艺的认识作用和功能却是客观存在的,也是无法否认的。承认文学的认识作用,但又不能说文艺就是认识,也不能说文艺创作要以认识作用为先;应该把认识与审美联系起来,审美是文艺的根本性质,如果不具备审美特征,那么它的认识功能也就无从谈起。

其次,钱中文追根溯源,研究了"反映论"的本意和发展变化。实际上,"反映论"经历了从简单的反映论、机械的反映论向马克思主义反映论的变化,前者是旧的直观、机械唯物主义的产物,与17、18世纪的科学思维方式关系密切;后者是辩证唯物主义的产物,是能动的、革命的、科学的反映论。但是,如果运用不当,就有可能沦为机械的反映论,并走向简单化、庸俗化。在钱中文看来,人的反映绝对不是"白板"式的接受,即使单纯的认识活动,也不是被动的、机械的,而是充满了创造性的积极因素。认识活动中思维的运动与转化就包含了反映的积极性,其幻想、理想、评价等因素更是如此,它们既体现了反映的积极性,又体现了反映的创造性。如果从这样的角度理解辩证唯物主义的"反映论",就可能获得丰富的解释。关于反映,马克思在《关于费尔巴哈的提纲》中曾经说过:"从前的一切唯物主义——包括费尔巴哈的唯物主义——主要缺点是:对事物、现实、感性,只是从客体的或者直观的形式去理解,而不是把它们当作人的感性活动,当作实践去理解,不是从主观方面去理解。"①列宁也说过:"智能(人们)对待个别事物,对个别事物的摹写(经验),不是简单的、直接的、照镜子那样死板的动作,而是复杂的、二重化的、曲折的、有可能使幻想脱离生活的活动;不仅如此,它还有可能使抽象的概念、观念向幻想……转变(而且是不知不觉的、人们意识不到的转

① 《马克思恩格斯选集》第1卷,人民出版社1972年版,第16页。

变）。”“世界不会满足人，人决心以自己的行动来改造世界。”[①]通过分析马克思主义经典作家对“反映”的论述，钱中文挖掘出了“反映”的本义：“一、辩证唯物反映论承认事物是一种客观存在，但是一旦进入实践，它们也就进入了主体的把握之中，就不再成为纯客观的东西，纯客观的现实。二、在把握现象、事物的过程中，人决不是一面僵死的镜子，他对事物的描述与认识，并不是僵死的反映，而是加入了主观因素的，会成为曲折的、二重化的反映。三、当主观因素进入反映过程时，主观因素中的十分突出的幻想，发生着积极的作用。这时主体使用的概念，会向幻想转变。四、反映是一种创造活动，创造新的现实的活动。”[②]这样，如果我们从反映论的本意出发，就很难断定它是简单的、机械的。进一步讲，以反映论看待文艺，文艺就成为一种意识形态，有助于阐明文艺的某些本质。但是，值得指出的是，反映论归根结底是哲学原理，文艺在反映现实生活时，只是在总体上符合这个原理。如果以反映论来指导文艺创作，那么就需要结合文艺自身的特征，对反映论作出新的阐释。当然，我们还应该注意实际情况的复杂性和特殊性：不可否认，有些生活经验丰富、艺术修养深厚的作家，虽然这类知识并不很多，却仍然能够调动生活资源，发挥主观能动性，创作出优秀的作品；有的作家对反映论的认识与运用，可能会出现一定的脱节或简单化的倾向；在创作时，有的作家可能受到阐述错误的反映论影响，或照搬哲学原理而导致创作的失败。凡此种种，应该具体分析，不可等量齐观、一概而论。但是，如果把简单化了的反映论与能动的反映论捆在一起批判，可能再次曲解反映论，也就沦为一种新的庸俗社会学。

---

① 《列宁全集》第 38 卷，人民出版社 1963 年版，第 421 页、第 228 页。

② 钱中文著：《最具体的和最主观的是最丰富的》，《文艺理论研究》1986 年第 4 期。

>>1998 年于北大,左起刘烜、钱中文与钱竞

最后,在分析了反映论的本意并进行了扎实的概念辨析后,钱中文提出了适合阐释文艺的"审美反映"概念。在他看来,如果文学创作与反映有关,那就是"审美反映"。在审美反映过程中,首先作家关注着某些生活现象、事物特征,它们被感受、感知。进而创作主体对于那些融入了感情体验和思想评价的审美对象,借助于感性的、具象的审美形式把这些体验和评价予以物化。在这个过程中,存在着感知和认识、感情和思想、想象和意志、愉悦和评价,并且都出现在渗透着感性因素的综合形式中,从而构成了审美的反映。审美反映具有强烈的感情色彩,它渗透于思想、抽象的观念之中,使它们成为具象的、感性的"艺术的思想"。同时,在创作过程中,感性活动也不断表现出作家心理深层的无意识、非理性因素,它们与理性之间是一种既矛盾又

协调的关系。这样,“审美反映是一种感性活动,又是一种理性活动,是一种感性的具象活动,同时也渗透着理性的思考;是一种感情活动,感情的愉悦活动,也是显示着哲学、政治、道德观念生动形态的认识活动、意志活动、实践的功能性活动。这是一种上述各种活动的综合。当然,在以具象的、显形的感情形态为存在语言形式的构架中,隐形的艺术思想,始终是它的血肉”①。

三、审美反映论的心理结构、三种现实、审美心理定势

钱中文吸收了当时介绍进来的外国心理学成果,对“审美反映”做了进一步的研究。他认为,就创作主体来说,“审美反映”是一种有组织的心理结构,即审美反映心理结构。就与客体关系来说,在这个结构中,现实发生了转化。他认为,在这种心理结构中,情感、思想等因素构成了最为基础的心理层面,进而是感性的认识层面,接着是语言、符号、形式层面,最后是实践功能层面。这四个层面具体内容分别是:(1)心理层是审美反映的基本层面,主要涉及文艺创作与接受的心理,其主要成分为感受、感知、感情、想象,它们构成了反映的审美过滤层,创作中的各种因素经过这一层的过滤和相互融合,才能成为审美反映的对象。(2)通过感性的认识层,审美反映才能够获得深层意义。认识是此层面的主要成分,社会的、政治的、伦理的、哲学的因素都包括其中。这些因素并不是纯粹的认识,而是与感情结合在一起的认识,或被感情化了的现象所呈现的认识,这样的认识不同于科学的认识,要比科学的认识、概念、结论丰富得多。(3)审美反映借助于语言、符号、

---

① 钱中文著:《最具体的和最主观的是最丰富的》。

>>1999 年在广西师范大学，钱中文演讲《文学理论现代性问题》

形式的载体才能够实现，这些载体能够表现审美反映的内容，并把内容的各个层面联系起来，使审美反映能落到实处。(4)审美反映类似于对世界的一种精神把握和实践把握，也就是马克思所说的对世界的实践—精神的把握，这种把握中贯穿了感情与意志的评价，并指向实践。同时，这种把握并不要求把文艺的世界、文艺作品当作现实世界和实用的东西，就这方面来说，它具有无目的性。这种把握还决定了审美反映中感情和思想的融合，感性和理性的渗透，认识和评价的感受形式与语言、形式统一的审美本质特征。

钱中文认为："通常把文学说成是现实生活的反映，这实际上是一种十分笼统的说法，它未能触及这种反映的真正特点；它只说明了审美反映的起点，强调了与其他意识形态的共同之处，而忽视艺术反映的审美性，从而以一般的反映论代替了审美反映。”①为了克服这种弊病，钱中文把文艺视为对社会现实生活的审美反映，通过前面所说的审美心理结构，使“审美反映”成为可能，这里所说的现实已经具有了新的形态，这就是现实生活、心理现实与审美心理现实三种形态。作家首先接触的是现实生活，它也是审美反映的起点，它提供了审美反映的材料，是反映的源泉，是一种客观的存在。当主体深入到现实时，就要感受现实、用感情体验现实，这时的现实已经融入了诸多主观因素，这就是心理现实，这种心理现实也就是反映的对象，或者叫审美对象，它与理论思维中反映的源泉与对象不同。审美反映要求区别心理现实与作为反映源泉的生活现实，混淆二者，就可能犯简单化错误，这也是以往文论常犯的错误。当进入艺术构思、实践时，作为审美反映对象的心理现实就开始转化，内化为文艺的内容与形式结合体，作家进一步赋予心理现实以更深刻的感情、思想与评价，将内化了的内容与形式结合起来，外化为一种言语体裁。这时的现实已经具有了新质，变成了一种审美的心理现实和主体审美把握了的新现实。清人郑板桥关于画竹的一段话，恰当地说明了审美反映中的三种现实形态转化：“江馆清秋，晨起看竹，烟光、日影、露气，皆浮动于疏枝密叶之间。胸中勃勃遂有画意。其实胸中之竹，并不是眼中之竹也。因而磨墨展纸，落笔倏作变相，手中之竹又不是胸中之竹也。总之意在笔先者，定则也；趣在法外者，化机也。独画云乎哉？”②郑板桥所说的眼中之竹，就是现实中的竹子，而其胸中之竹，就是竹的变体，是一种心理现实，胸中之竹进一步发展就成为审美心理现实了。现实生活经过审美主

① 钱中文著：《最具体的和最主观的是最丰富的》。
② 俞剑华编著：《中国画论类编》下卷，人民美术出版社 1986 年版，第 1173 页。

>>2000 年 9 月在会间休息，左起钱中文、孟昭毅与孙景尧

体的作用发生了两次转化，呈现出三种形态，那么，原有的那些客观现实因素是存在还是消失了呢？如果存在，其存在的形式又是什么呢？钱中文分析指出，第一种情况是，实际上，这些经历了主观作用的客观因素不会消失，仍然以不同的方式继续存在着，显示出人们熟悉的原有形式的特征，这种方式以现实主义作品最为常见。第二种情况是，通过夸张、荒诞、象征等方式，反映出现实事物、现象的精神特征、内在的本质和灵魂，曲折地展现出经过主观因素折射后的客观特征，浪漫主义、象征主义等文艺作品常采用这种方式。第三种情况是，主体把全部客观特征都加以主观化，把主观特征全面对象化，结果造成了审美反映中主体向主观的全面倾斜，这是心理现实转化为

心理积淀并逐渐转向主观所导致的结果。这种情况又有两种特殊表现形式：一种是主体拥抱世界时仍然保留了较强的历史感，某些气势宏伟的浪漫主义作品就是如此；另一种是主体难以应对复杂的外部世界，以不安、迷惘、陌生、绝望的心态遁入内心世界，并导致历史感的缺乏，多数现代主义作家采取了这样的方式，但依然可以折射出时代的影子。尽管采取的方式不同，但是，现实事物、现象的客观特征仍然不同程度地存在着。

四、审美反映的动力源、审美心理定势

在审美反映的过程中，社会现实生活经历了从现实生活到心理现实、审美心理现实的变化过程，导致这一变化的原因在于主体的创造力及其对客体的改造。但是，主体的创造精神又来自何处呢？这就涉及审美反映的动力源。在钱中文看来，审美反映的动力“来源于主体对世界的具体感受、感知与感动，这是进入审美反映、艺术实践的真正出发点。审美反映必须以主体的表现为主导，才能构成自身”①。也就是说，审美反映需要主体对客体的感知及其表现，离开了这种审美反映的动力源，审美主体就无法改造客体或客观世界，素材无法变成审美对象并进入作品，审美反映也就无从谈起。应当说明的是，尽管审美主体有巨大的改造作用和创造性，但是，必须先有客观事物、现象的特征，而且，它们能够引发主体的关注，并可能进行沟通和交流。

审美主体创造性的发挥离不开审美反映动力源，审美反映动力源则来自于审美主体的审美心理定势。钱中文认为，“所谓审美心理定势，说的是主体的心理从来不是一块白板，在他创作之前，早就形成了他特有的动力

---

① 钱中文著：《最具体的和最主观的是最丰富的》。

源。……就是创作主体所拥有的审美趣味、个人气质、观察才能、创作经验、艺术修养以及广泛的文化素养的混合物。它们不断地流动着、发酵着，其中最为活跃的因素是主体的感情、想象和认识"[①]。审美心理定势的各种因素（心理气质和个性特征最为重要）的长期积累共同形成了主体的动态的审美心理结构（或格局），它们时常处于散乱的状态，又可能得到调整和充实；它们或者潜伏着，或者一触即发。作为审美心理定势因素的感情、想象、认识经过长期积累，一旦形成一触即发的内驱力，就会采取其相对固定的、预先存在的运行模式，强烈要求创作主体通过创作实践获得满足、不断更新，并表现为创造力的外化。通常而言，作家的审美心理定势是固定的、相对稳定的，但是，这不是绝对的。主客观因素的积累、文化素养的提高，哲学、道德、政治、思想观念，都可能促使它有所变化。尽管如此，个人因素、社会因素仍然起着主导的作用，它们直接影响了审美心理定势的强度和趋向，我们也应该从这些因素中寻找形成审美心理定势的原因，否则，就有可能把它神秘化。社会的自由和开放有助于审美心理定势的发展，相反，则会压抑作家的审美心理定势。但是，作家的审美心理定势不会彻底泯灭，如果遇到新的时机，它可能重新焕发出生机。审美反映主体的主观性的强烈程度决定了审美反映的成效，其最高要求是创作个性，创作个性也是创造性的最高表现。在创作过程中，主体的体验、感情、思想、认识、评价等审美心理定势中的种种因素，都可能渗透到作品中。这些因素体现在对人物的行动、行为和场面的描写与评价中，是反映与自我表现的统一。

现实生活的丰富多样、不断变化，为审美反映提供了无限的可能和广阔的前景。同时，审美反映本身也有多样性，这主要取决于主体的主观性、能

---

① 钱中文著：《最具体的和最主观的是最丰富的》。

>>2000 年在华东师大中文系，左为张德林、右为洪本健

动性，以及主体创造性的发挥。主观性是一种不断要求更新的动力，创作个性是其最高要求，主观性不强的审美反映可能是失败的。从本质上说，主体是自由的，但是，主体只有在不断接近、收获真理的过程中才能获得其自由。而且，在审美反映的过程中，随着审美主体的主观性、创造性的增强，客观事物、现象便可能得到进一步的改造与创造。只有强调审美主体和审美反映的创造性本质，才能使审美反映获得新的意义："审美反映是一种灌满生气、千殊万类的生命体的艺术反映，它具有实在的容量、巨大的自由，它不仅曲折多变，而且可以使脱离现实的幻想反映，具有多样的具象形态，可使主客

观发生双向变化。”①

经过多方面的深入而系统的分析，钱中文终于形成了他对“审美反映”的独特解释。实际上，他所说的“审美反映”已经很难用原来的哲学认识论上的“反映”来规范了，这种审美反映已与审美表现或审美创造相融合、相贯通了：“审美反映论最基本的动机可以看成是试图把现实主义从机械反映论的模式中解救出来的尝试，而在它的具体立论中，审美反映论实际超出了传统现实主义的界域，它最大可能地强调了主体能动性。”②也正是在这种意义上，有学者认为，他的“审美反映”已经超越了反映论，走向表现论了。“审美反映论”是文艺理论界在拨乱反正中形成的一个重要理论成果，它重视文学自身的特点，突出了文学反映的审美特质及其主体性、能动性和创造性，推进了对文学本质和规律的认识，也成为“文学审美意识形态论”的基础。“审美反映”论提出后，得到不少学者的认同。阎国忠在《走出古典》一书中说：“钱中文之后，‘审美反映’几乎成了美学与文艺学界的一个普遍用语，许多人将这一用语引入到自己的理论范畴中。”实际上，卢卡契在《审美特性》中曾经专门探讨了“审美反映”，并从宏大的视野肯定了“审美反映”的作用：“审美反映是以个体和个体命运的形式来表现人类。”③1987 年初，钱中文读到了《审美特性》第 1 卷中译本，才知道他们的提法是不谋而合的，但他们的具体论述又是不尽相同的。同时，童庆炳也对“审美反映”作了论述。后来“审美反映”不胫而走，无疑也与卢卡契、童庆炳的著作在我国传播有关。

人不能割断历史，只能在历史的曲折前行中进行创造，只有立足于前人成果的创造才可能有所突破、成就。否则，“空中阁楼”式创造的后果终将是

① 钱中文著：《文学原理——发展论》，社会科学文献出版社 1989 年版，第 117 页。
② 陈晓明著：《始终在历史中开创理论之路》，《文艺争鸣》2008 年第 1 期。
③ ［匈牙利］卢卡契著：《审美特性》第 1 卷，徐恒醇译，中国社会科学出版社 1986 年版，第 199 页。

>>2001 年登泰山之巅，会当凌绝顶

昙花一现。任何创造活动都是如此,学术活动更是如此。可是,在特殊的历史条件下,人们可能更容易被激情所驱使,一厢情愿地进行缺少根基的创造而浑然不觉,无意中以创新的名义抛弃了前人的发现。鉴于此,学术研究的重要任务就是要回到前人研究的起点,或是恢复这些概念或命题的实际,或是通过正本清源式的清理,以达到返本开新的目的。这样的情况在当代学术史中不乏其例。钱中文对"反映论"的学术清理、重新阐发就是如此。所幸的是,这个命题既避免了被抛弃的厄运,又发展了其新的阐释力,焕发出了新的生机。

第六章　审美意识形态论

文学界的许多人大都是通过钱中文的文学观——文学是审美意识形态——初识、了解和认识他的学术思想的。20 世纪 80 年代是一个思想激荡、各种观念相互碰撞的时代，国外(特别是西方)理论的引进激发了本土的理论热情，西方的文学观念、文学方法，及由其激发的文学想象都成为当时文学研究的“集体无意识”。今天看来，钱中文接受了时代洗礼，积极组织、介绍、吸收了西方各种文学理论，但是，他仍然保持了鲜明的学术立场和个性，在继承传统特别是当代文艺理论传统的基础上，运用自己选择的综合创新的系统方法，提出了“审美意识形态”论，“审美意识形态”是“审美反映”的逻辑的必然发展。这是一个 20 世纪 90 年代以来被屡屡提及的命题，也是 20 世纪 80 年代后期钱中文文学基础理论研究方面最大的收获。从某种程度上讲，正是这个命题塑造了钱中文的文学理论家的形象，而钱中文自己反复强调：这一命题是中国学者在交往对话中所形成的共同的理论成果。

一、审美意识形态论：中国学者在交往对话中的共同阐释

与“审美意识形态”范畴相关，1982年，张涵提出“审美性质的意识形态”的说法，但主要是从作品展开论述的，还没有把这个判断提升到文艺本质的高度[①]。稍后，钱中文也论及这个命题：“文艺是一种具有审美特征的意识形态。”[②]同时，孔智光也提出“艺术的本质是审美的意识形态”的说法[③]。之后，如周波、江建文等学者都有类似提法[④]。1984年以后，钱中文开始有意识地建构以这个命题为核心的理论。1984年，他在《评波斯彼洛夫的〈文学原理〉》（见《文学评论》1984年第4期）一文中，表达了不同意文学单纯的意识形态本性说的意见，并再次强调文学是审美意识形态。“文学艺术固然是一种意识形态，但这是一种审美的意识形态；文学艺术不仅是认识，而且也

---

① 张涵著：《论艺术作品的审美性质》，《郑州大学学报》1982年第3期。

② 钱中文著：《论人性共同形态描写及其评价问题》，《文学评论》1982年第6期。

③ 孔智光著：《试论艺术时空》，《文史哲》1982年第6期。

④ 周波著：《试谈文学批评标准的客观性》，《山东师范大学学报》（人文社科版）1983年第6期；江建文：《要发掘生活中真正的美》，《学术论坛》1984年第1期；江建文：《列宁文艺批评思想略论》，《广西大学学报》（哲学社科版）1984年第1期。

表现人们的感情、思想。审美的本性同样是文学的根本特性……看来文学艺术的本质特性是两重性的。”同年，他发表了系统思考这个问题的专题论文，重申文学“是一种审美的意识形态”，创作是“审美反映”的过程①。1986年，他又提出：“文学是一种审美的意识形态，其重要的特性就在于它的审美性和意识形态性。”②既然审美意识是在人类的历史过程中形成的，就有必要揭示其历史性的生成。为此，他在以后的文章中，进一步追溯了审美意识、前文学、由语言文字形成的独特的审美意识形式和审美意识形态的发展和演变过程。在确定和重新阐释了“审美意识形态”和“审美反映”这两个基本观念之后，他以此为根基，形成了其文艺本质观，并构成了其专著《文学原理——发展论》（社科文献出版社 1989 年版）的主旨和框架。由此可见，从对文艺术本质这个问题的思考到审美意识形态论这个理论的建立，大概经历了 6—7 年之久的探索，钱中文为这个理论的建立发挥了独特的、不可替代的重要作用。

需要说明的是，1910 年，沃罗夫斯基在评论高尔基的文章中说过：文学是“审美意识形态”；1975 年出版的苏联美学家布罗夫的著作《艺术的审美实质》也提到过艺术是“审美意识形态”。但二人对此都没有明确的界定和详细的阐释。此外，英国学者伊格尔顿于 1990 年出版了 *The Ideology of the Aesthetic* 一书，中文译作《美学意识形态》或《审美意识形态》。美国美学家理查德·舒斯特曼于 1992 年出版了他的 *Pragmatist Aesthetics* 一书，2002 年我国学者根据其 2000 年该书的新版本译成《实用主义美学》于我国出版，其中第 6 章就称作《审美意识形态、审美教育和艺术价值之批评》。钱中文等人

---

① 钱中文著：《文艺理论的发展和方法更新的迫切性》，《文学评论》1984 年第 6 期。
② 钱中文著：《最具体的和最主观的是最丰富的》。

的相关提法并不晚于伊格尔顿和舒斯特曼,而且各自的理论侧重点不尽相同。这样看来,中国学者提出的"审美意识形态论",并非直接受到国外理论的影响,只不过与国外理论家的提法契合罢了。

钱中文反复强调:审美意识形态论,乃是中国学者共同阐释、共同创造的理论成果。1989 年,王元骧在《文学原理》(浙江教育出版社 1989 年版)中明确提出,"文学是一种审美意识形态"。1992 年,童庆炳主编的《文学理论教程》吸收了这个观念:"文学不仅是一般的意识形态,而且是审美意识形态。文学的一般意识形态性质是其普遍性质,而文学的审美意识形态性质则是其特殊性质。"这部教材对文学的定义是:"文学是显现在话语含蕴中的审美意识形态。"①后来,这部教材的修订本多次出版,这个命题也被许多学者和教材接受。这样,学界通常把钱中文、童庆炳、王元骧都作为"审美意识形态论"的代表人物。

审美意识形态论,充分体现了钱中文所强调的文艺理论创造的主体性和自主性,而这种自主性,不仅仅是他个人"小我"的自主性,同时也是整个中国当代文论界这个"大我"的自主性。他在理论探索中始终坚守自己的个性和主体性,同时又将小我不断融入大我之中,在重视与国外对话的同时,又积极推动中国当代文论界内部的交流与对话;从交往对话的方式来说,钱中文不仅重视与其他学者之间的个人交往(详述见前),而且还特别重视中国学者之间的集体性、组织性的交往与对话——这突出地体现在他主持并成立了"中国中外文艺理论学会"这件事上:1992 年 10 月,钱中文在河南大学主持了"全国中外文学理论学术讨论会",一些与会者提议成立中国中外文艺理论学会,他与童庆炳、吴元迈、许明等学者共同组建成立了该学会,学

① 童庆炳主编:《文学理论教程》,高等教育出版社 1992 年版,第 84 页、第 94 页。

>> 2000 年钱中文童庆炳主编《新时期文艺学建设丛书》首发式，左起童庆炳、张少康、钟敬文、钱中文、王先霈、陆贵山、陈传才、孙绍振

>> 2004 年广州，左起童庆炳、张炯、杨义、钱中文、章培恒、陆贵山、邓绍基等

会经筹备于1994年4月获批准成立。1995年7月,在山东师范大学召开了“中国中外文艺理论学会”成立大会和国际文学理论研讨会,钱中文被推举为会长。此后,学会举办了一系列全国性及国际性的学术研讨会,成为文论界交流思想、凝聚共识的一个重要平台,对于中国当代文艺理论建设起到了重要的作用。钱中文并不囿于门户之见,他与文艺理论学科另一重要学会“中国文艺理论学会”的主持者徐中玉多有交往,在《当代知识分子精神——徐中玉先生的立德与立言》一文中,对徐先生作了高度评价。

钱中文不仅是中国当代文艺理论建设的参与者,而且是其重要的组织者、推动者。学术组织在现代学术的发展中发挥着重要作用,只是这种学术组织不一定非要像西方那样是联系比较紧密的“流派”或“学派”。随着中国综合国力的逐渐提高,学术界创建“中国学派”的呼声越来越高,只是不能为学派而学派,学派的宗旨当在学术理论的创新。钱中文、童庆炳等人的审美意识形态论,某种程度上可以说具有了学派理论的特性,但他们又并不以学派相标榜。中国包括文艺理论在内的学术的未来发展,不仅需要有不断的对外交往与对话,同时也需要持续的内部交往与对话,这对中国学术凝聚共识、走向世界等至关重要。

下面对钱中文的审美意识形态论略作评述。

二、文学观念简单化的后果

长期以来,我们习惯于从哲学认识论、社会学的视角看待文学,结果,我国文论界对文学的基本看法——“文学是社会生活的反映”“文学是一种社会意识形态”——始终停滞不前,形成了文学观念单一化的现象。而且,这种哲学方法常被庸俗化。比如,意识形态当然涵盖了文学,但是论者往往以意识形态的特征代替文学的特征。以此为基础的反映论强调客体而漠视创作者主体、重视静态而忽视动态;其中文学最为重要的审美特性,竟变为从属性的东西。文学观念的简单化,限制了我们的视野,阻碍了文学创作的发展,也束缚了文学研究方法的多样化。结果,文学理论不但难以解释丰富复杂的文学现象,而且也难以探讨文学本质、现象的方方面面。这样,文学理论失去了自身的对象和自主性,简单化的文学观念的产生与庸俗地、教条主义地理解马克思主义文论有关。

实事求是地说,国外同样存在着文学观念简单化的倾向,这种倾向不同程度地存在于科学主义、人本主义等诸文学理论流派的文学观念中。钱中文敏锐地发现了这种缺陷,并对此保持了高度的警觉:"一,这些派别都力图以自己特有的观念来概括文学的全部本质,但实际上并未做到。二,这些理论观念从不同方面触及了文学本质的某些特征,由于它们涉及的方面不同,所以它们说明问题的程度、它们的价值也各自相异。三,它们或自成体系或自成一说,有的比较开放,有的自我封闭性强。从它们的发展历史来看,文学观念的变化,成了一种不断更迭的现象,它们都标榜自己正确,而一种观念的出现,往往是对前一种观念的否定或贬低,因此,它们相互之间的排他性非常突出。它们在自己规定的范围里,自有其一定的合理性,但从文学观念的整体性观察它们,那种以偏概全的缺陷就十分明显,包括在总体上相当错误的观念。这使人看到,由于它们不同程度地抓住了文学的某些特征,我们在梳理它们时,不能不加鉴别地接受,或简单地给以否定;我们应当看到它们的理论价值各不相同,并处在不同的层次上。"①外国文学观念中的简单化现象,显示了一定的片面的深刻,不过同样遮蔽了文学现象的丰富性,所

---

① 钱中文著:《论文学观念的系统性特征》,《文艺研究》1987 年第 6 期。

以，也难以比较全面地揭示文学的复杂本质。基于这些认识，也为了有效地揭示文学的复杂性，钱中文确立了“主导、多样、综合”的文学研究方法论（见前相关论述）。

三、多种文学观念、文学本质观的形成

20世纪70年代末，随着政治上的“拨乱反正”，中国社会获得了相对宽松的环境，文艺界也开始检讨新中国成立后文艺的得失，重新反思文艺的基本问题（特别是文艺与政治的关系问题），文艺的自主性、独立性的呼声也日渐高涨。1979年，《上海文学》（1979年第4期）发表了署名评论员的文章《为文艺正名——驳“文艺是阶级斗争的工具”说》，反对把文艺作为阶级斗争的工具，很快引发了文艺与政治关系的讨论。1979年10月，邓小平在第四次全国文代会上的讲话和次年年初的《目前的形势和任务》一文中提出，今后在文艺方面应该提倡“文艺为人民服务”“文艺为社会主义服务”，而“不继续提文艺从属于政治这样口号”。文艺政策的解放为文艺的自主性开辟了道路。自“伤痕文学”、“朦胧诗”开始，文学的自主性被提上了议事日程。

与此相伴，文学理论同样要求摆脱从属于政治的束缚，获得其自身的独立。20世纪80年代初，文学理论的封闭性被逐渐打破，大一统的文学观念受到了质疑，文学理论的学理探讨逐渐展开。学术界就人性、人道主义问题展开了广泛的讨论，批判与反思，促进了理论思维的空前活跃，各种文学观念——文学是人性的表现、文学是人学、文学是感情的物化、文学是审美——应运而生，这些观念与文学创作密切联系，都得到了不同程度的回应。与此同时，外国哲学、心理学、文艺思潮与理论也纷纷涌入国门，存在主

>>2002 年在湖南师大讲学，左起赵炎秋、赖力行

义、精神分析学、西方马克思主义、原型批评、人本主义心理学、本体论都被广泛引用，文学观念发生了激变并趋于多样与丰富。在这种形势下，关于文学本质特征的研究也逐渐展开，随着认识论受到冷遇，体验论、主体论、系统论、本体论、价值论的文学本质观开始出现。

其实，文学是丰富而复杂的系统，是一个多层次、多维度的复合体。因此，为了准确地揭示文学的特点，需要采用与研究对象相匹配的研究方法。也就是说，应该正视文学观念、文学本质的多层次性，并从多方面、多角度对此予以阐释。

在钱中文看来，为了克服单一视角研究方法的局限，较为全面地把握文学的本质,需要引入系统论的层次概念。"所谓系统方法,就是把对象放在系统的结构形式中加以考察的一种方法,它始终处于整体与部分、整体与外部环境的相互联系、相互制约、相互作用的关系之中,综合地考察对象,以达到对问题的最佳处理。系统的思想一般包含下述几个方面:整体思想、联系和制约观点、有序观点、动态观点、最优化观点。将系统论观点应用于文学观念的分析研究,是完全适用的。可以而且应该把文学观念看成一个系统,来分析它的组成部分。"层次概念的引入为揭示事物的复杂本质提供了一种可能,并有助于发现文学观念的多重性:"文学观念是一个整体,这个整体又可以分为不同的层次,这些层次又具有各自的质的规定性,进而形成文学观念的多本质性。"作为一个系统,文学观念既包括总体的文学观念,又包括各个层次的次一级的对文学的看法,并与文学观念各个层次的理论逻辑、历史观点相结合,同时在方法上也呈现了多样性。"首先,文学观念确是一个多层次、多系统、多本质的现象。其次,研究文学观念的方法,也是多种多样的。从文学观念方面来说,构成文学的观念系统;从方法论方面说,构成研究的方法系统。"①钱中文用这种综合创新的系统方法从不同层次对文学现象进行了分析,在其《文学发展论》中尤其可以见到这种分析法的逻辑性、系统性(详论见前)。这种综合创新的系统分析法,既分析了文学系统的每个层面的本质特征,又层层深入、综合、统摄全局,把握了文学系统的整体,进而把握了文学在文化系统中的位置及其与其他系统的关系。

---

① 以上引文均据钱中文:《论文学观念的系统性特征》。

四、文学审美意识形态论的理论选择及其内涵

文学的丰富性决定了文学本质观的多样性。除了普遍流行的模仿说、再现说、表现说之外，仅就20世纪来说，韦勒克把文学的本质界定为“虚构性”，俄国形式主义把文学的本质界定为“陌生化”，苏联文论家波斯彼洛夫把文学的本质界定为“社会意识形态性”，苏联的审美学派把文学的本质界定为“审美”，等等。

就新时期中国文论界对文艺本质的研究来说，一部分研究者主要从认识论的角度来研究文学的本质，通常在经济基础、上层建筑、意识形态的关系系统中，界定文学的本质，把文学界定为属于上层建筑的社会意识形态。实际上，这种观点还可以追溯到新中国成立之前的相当长的一段历史时期。这种界定阐明了文学本质的一个重要方面，但是研究者往往把认识作用视为文学首要的、最根本的功能，而把文学的审美功能，置于认识功能之下，结果使审美功能成为一种附属性的文学特性。也许是出于对这种文学本质观的直接反拨，众多反其道而行之的文学本质观也就应运而生，其中，有影响的文学本质观则是以李泽厚为代表的情感说和以王朝闻主编的《美学概论》为代表的审美本质说。20世纪80年代，文学的审美本质观纷纷涌现。这些文学本质观大都有效地克服了“社会意识形态”说的局限，也能够说明大量的文学现象。与此同时，还有信息论文学观、象征论文学观、心理学文学观，文学是人学的文学观。但是，后来又出现了新的问题，不但存在着一些把文艺的本质绝对化为自我表现、审美情感的极端做法，而且还出现了要求彻底否定或废除认识论、反映论的论说。不过，不少学者已经察觉到了这些观念的局限，并尝试以复杂的、系统的眼光来看待文学的本质，这一方面钱中文

走在了前列。在科学地分析了诸种文艺本质观的得失之后,钱中文力图使用多层次、多角度的综合方法来研究文艺的本质。正是在这种背景下,他借鉴了系统论的成果,前瞻性地提出了以"审美意识形态"来概括文艺本质的可能性:"从社会文化系统来观察文学,从审美的哲学的观点出发,把文学视为一种审美文化,一种审美意识形态,把文学的第一层次的本质特性界定为审美的意识形态性,是比较适宜的。"①

钱中文把研究文学本质的目的定位于揭示文学把握现实特有的对象、创作主体的特征和独特的把握世界的方式,并从这些方面的分析中具体论证了文学的审美意识形态特性。文学描写的对象是以人为中心的整个世界、人与世界的关系和人的精神生活等文化现象,它既包括社会、政治、伦理道德等内容及其思考,又包括个人的命运和精神活动,但是,作为文学创作的来源和出发点,它们并不是都能够成为创作对象的。只有那些经历了创作主体的审美体验的现象,为作家感受到的具有审美特征的那部分现实生活才能作为审美对象进入作品。具备审美能力的人对于接触到的现实产生了审美反应,这时的现实已经变成了心理化了的现实,并引发了审美对象的变化。审美对象的进一步变化表现在两个方面:现实生活的对象化和作家主体的本质特性的对象化,二者在同一过程中相互融合。在这种融合中,主体把感受到的现实特征物化于作品中,创造了一种新的现实。这种现实表现为一种审美意识的形式,随后逐渐演化为审美意识形态。这种意识形态因其具有的主体的感情思想而成为审美的创造物,在整个审美文化之中,文学的意识形态特性比较突出。这样,文学的根本特性就在于审美的意识形态性。确实,文学是以情感为中心的,又与感知、想象和无意识活动等因素

---

① 钱中文著:《论文学观念的系统性特征》。

相互联系,没有情感就不成其为文学,但是感情与思想是互为表里的。审美活动是一种具有实践特征的精神性活动,包含着自由想象和虚构性特征,但是,文学还需要真实性,它是一种符合现实生活精神、特征的虚构的真实。同时,作家会在创作中展示其自由和创作个性,处于这种状态,作家不会考虑文学的其他意义与作用,也可以说,这时文学是无目的的;但是,悖论在于:作家的构思、谋篇和技巧的运用,等等,又是有目的的,而且作品大都会进入流通与交往,影响社会与读者,并可提高作家声誉等。因此,无目的、非手段的特性,又是以有目的、有手段为前提的。这样看来,文学的审美意识形态性是多层次的,它能够反映一定人群、集团、阶级的感情和思想倾向,其意识形态性显而易见。但是,文学又可以超越一定群体、集团、阶级的感情、思想倾向,表现出人的普遍思想、感情、愿望和共同人性的要求。此外,有些描写自然、咏物性的文学作品,也能获得各个时期、不同国度的读者的喜爱,其意识形态性显得难以分辨。文学的审美意识形态性便意味着它既具有阶级性、倾向性的特征,但又具有全人类性,或者只是一般的审美意识的表现。这样,文学的审美意识形态本质特征被概括为:"文学作为审美的意识形态,以感情为中心,但它是感情和思想认识的结合;它是一种自由想象的虚构,但又具有特殊形态的多样的真实性;它是有目的的,但又具有不以实利为目的的无目的性;它具有社会性,但又是一种具有广泛的全人类性的审美意识的形态。"①

同时,钱中文强调问题研究的历史主义,从历史发展的角度来阐明审美意识形态的生成,不仅揭示文学审美意识形态的共时结构,而且还强调文学审美意识形态的历史生成性,是钱中文审美意识形态论不同于其他论者的

① 钱中文著:《论文学观念的系统性特征》。

特点之一。钱中文认为，审美是文学的根本特征，没有审美就无所谓文学，实际上，作为审美意识形态的文学是在其历史发展中逐渐生成的。马克思、恩格斯谈到过，对于各种理论与意识形态，应该在产生它们的历史基础上加以说明，同时也可以在这个基础上追溯它们的产生的过程。作为人类意识的重要组成部分，审美意识是在人的长期劳动、生存实践中形成的。它积淀了人的生存感受与感悟，形成了多种审美意识的原型，并在口头语言的形式中获得表现，成为一种审美意识形式。同时，在话语、文字多种结构的样式中，显示了审美与社会价值、意义、功能的复合性特征，及其张力与平衡，并最终历史地生成为现代意义上的审美意识形态。也就是说，"审美意识随着社会生活的演进，社会结构的日渐成熟与发展，人文意识的进步与强化，特别是文字的出现与完善和审美特性的丰富与表现形式的有序化，美的规律的进一步的生成与掌握，于是由口头的审美意识形式，自然地、历史地生成而为审美意识形态"①。具体说来，在原始社会中，虽然先民没有文学，但他们在其成长过程中，逐渐形成一种思维能力，也就是神话思维。作为先民把握世界的方式，神话思维是一种混合性思维，它是人类自身本质特征的确证，而审美本性正是这种思维的根本特征。在先民的审美意识的形成过程中，其载体是原始的歌谣舞蹈、仪式巫唱、先祖的神话传说、民间故事，等等。它们先在口头流传，后来逐渐发展成为文学的萌芽与文学的前形式。之后，神话思维逐渐分化，具有文学性的语言充分发展，从劳动、游戏、歌谣、巫唱中逐渐产生了韵律、节奏，艺术表现的手法和方式也不断丰富，对于中国来说，在前文学向文学的演进中，赋、比、兴承担着过渡性审美中介的生成作用。审美意识此时融入了具有符号象征意义的文字中，融入了具有独特的

① 钱中文著：《论文学审美意识形态的逻辑起点及其历史生成》，《文学评论》2007 年第 1 期。

节奏、韵律的诗性语言的文字结构中，审美意识由此获得了书写、物化的形式。也就是说，随着文字的逐渐成熟和确立，文字与艺术表现形式相结合的诗歌获得了发展，而这意味着现代意义上的文学的出现。文学通过文字的审美结构获得了存在的形态，并在其发展中逐渐完善、成熟，终于发展成为现代意义上的"审美意识形态"。这样看来，审美意识形态既非单纯的审美，又非单纯的意识形态，而是审美意识的自然的历史的形成。

也正是在这种意义上，钱中文强调："至于研究具体的文学，我们则是把它作为审美意识形态来对待的，而其逻辑起点不是意识形态，而是审美意识。"[①]其目的则是为了促进文学回归自身，回归到其逻辑起点——审美意识。在这一过程中，我们可以看到："以审美意识为逻辑起点、历史地生成的审美意识形态所显示的最基本的复合特性：即在文字多种结构的样式中，文学的诗意审美与社会意义、价值、功能两者的融合，与这两个方面保持高度的张力与平衡。"[②]冯宪光赞同审美意识是审美意识形态理论的逻辑起点，并高度评价了此举的重要性："不是先有意识形态，才有对意识形态的形象表达，才有文学。是先有人们的归根结底由物质生产决定和引发的审美需求，先有人们的审美活动，先有人们在审美活动之前、之中、之后逐渐明晰和成型的审美意识，才构成意识形态的 个组成部分。……文学审美意识形态论的创新就是把马克思主义文学理论的逻辑起点，从抽象的逻辑概念社会意识形态，重新放置到文学活动的经验事实中，从文学活动事实的发生之地来展开逻辑的理论研究。这是符合马克思主义的一切从实际出发的实事求

① 钱中文著：《意识形态的多语境阐释》，《河北学刊》2007 年第 1 期。
② 钱中文著：《论文学审美意识形态的逻辑起点及其历史生成》。

是的理论原则和精神的。”①

钱中文同时从理论和文学史的角度科学地论证了文学的审美意识形态性，并把它视为文学的最重要的本质特征和理解文学的关键词。这样的阐释使他在探讨文学本质特性和文学观念的形成、发展时获得了历史感，比较符合文学发展的实际，也为其建构以“审美意识形态论”为核心的文艺理论体系奠定了坚实的理论基础。

文艺“审美意识形态论”是新时期文艺理论界拨乱反正、突破“左”的政治束缚和理论反思的产物，它与其他理论共同开创了文艺理论多元化的格局，它的产生和存在有其必然性、合理性。而且，文艺“审美意识形态论”在继承马克思主义文艺本质观的基础上，综合吸纳了情感论、审美论的研究成果，成为新时期以来具有巨大影响的一种文艺理论观。文学“审美意识形态”论适应了时代需要、符合文艺实践，又能够自圆其说，具有相当大的理论价值、现实意义和创新性。钱中文提出这个命题已有 20 多年的历史了，20 多年中，这个体系和命题不但经受住了检验，而且还获得了更为广泛的认同。鉴于其理论价值和实践意义，它得到了学界的广泛好评。童庆炳把文学的审美意识形态论视为文艺学的第一原理，并对它进行了一系列独到的阐述。朱立元高度地评价了这一理论：“审美意识形态”的提法“的确能够比较完整地概括文艺的本质特征，并具有较为广阔的包容性和理论涵盖性，能够适应新时期以来文艺多元发展的基本态势”。“审美意识形态”理论，“既体现了文学基本观念上的重大推进，也是在自律与他律的辩证统一中阐述文学的动态本质的创新成果，成为新时期以来文艺理论研究最重大的理论

---

① 冯宪光著：《文学审美意识形态论的几个重要问题》，见《中外文化与文论》第 14 辑，四川大学出版社 2007 年版，第 61 页。

成果之一”。[①] 以文学“审美意识形态”说为核心的文学理论体系，是钱中文、童庆炳等学者对中国文学理论的重要贡献，代表了当代中国文学理论解释文学时所达到的新的高度。随着时代的发展，其价值会进一步地彰显出来，并将汇入文学理论学科的知识谱系，成为文学理论建设的重要资源。近几年来，文学审美意识形态论受到一些人的质疑、批判和否定，这也是文学理论界经常发生的事。

从“审美反映”到文学“审美意识形态”论，钱中文的文学基础理论研究呈现出一些鲜明的特点。第一，强烈的时代感和学术性。我国文论界或过分地强调文艺的上层建筑与意识形态功能，或过分强调文艺的审美性，钱中文的基础理论研究克服了这两种偏颇，处理好了文艺的自律与他律的关系。他在20世纪80年代，就把文学当作整个文化系统的组成部分，文学中自然地交织着审美文化和非审美文化的各种因素，在深刻的民族文化背景上构筑了文学赖以发展的民族文化精神，但又没有把文学“泛化”，这些因素都增加了其时代性和学术价值。第二，建立起了一个比较完整、严密、科学、自足的文学理论体系，注意历史与逻辑的统一，这一理论能够解释许多文学现象，具有原理的穿透力、概括性。同时显示了理论的严整性，能够自圆其说，把自己的理论、方法贯彻到底。第三，注重概念链、知识谱系的建立和知识增值，自觉的比较意识，又善于甄别与梳理，这些特点使其理论具有清晰性、连续性和完整感，通过元概念、核心概念、基本命题的演绎，使理论系统化。第四，从内容看，钱中文的著作具有极大的开放性和包容性，它吸纳他人之长，立足于自己的文学经验以及据其建立起来的文学思想，将其他理论观点统摄起来。即使借鉴他人理论的某些观点，它们也是被过滤之后作为一个

---

① 朱立元著：《新时期文论大发展与马克思主义文论中国化》，《文艺争鸣》2008年第7期。

个部件被融入了他构筑的理论之内，但整个理论本身绝无那些理论的片面和失误，而且与时下那种生吞活剥式的“借鉴”形成了鲜明的对照。第五，具有鲜明的理论个性，表达了个性化的、独特的学术的见解，这些理论提出至今已有二十来年了，即使今天读着这些文字，仍然没有陈旧、过时的感受。

以“审美反映”和“审美意识形态”论为基础的《文学原理——发展论》（社会科学文献出版社 1989 年版）出版后，就引起了高度的关注。20 世纪 90 年代初期，就被不少高校中文系指定为研究生的必读参考书。著名美学家、文艺理论家蒋孔阳、黄世瑜等在评价该书时指出，该书可译成外文，介绍出去①。朱立元、叶易两人撰文全面评价了其价值：“《发展论》的理论创造，不仅表现在对原有文学观念的多方面突破和对中外文学研究方法的吸收、融化上，而且表现在它将思路、理论、观点、方法、范畴等多方面的大量创新成果梳理、汇总、建构成较完整的理论体系。”②1993 年，该书获中国社会科学院 1978—1991 年的优秀科研成果奖和该年度的国家图书奖提名；之后，又分别被经济科学出版社（1998 年增订本，改名为《文学发展论》）、韩国新星出版社（2005 年精装）与首尔出版社（平装）、高等教育出版社（2005 年）、社会科学文献出版社（2007 年修订）、黑龙江教育出版社（2008 年），先后 6 版印刷。一本文学理论著作在几个出版社同时出版，开创了个人性的文学基础理论类著作的出版记录。可以毫不夸张地说，《文学发展论》是个人撰写的文学理论类著作中的精品。

---

① 《〈文学原理——创作论、发展论〉评议会发言》，《文艺争鸣》1992 年第 1 期。

② 朱立元、叶易著：《评〈文学原理·发展论〉》，《文学评论》1991 年第 6 期。

第七章　走向交往对话主义

“审美意识形态”论的提出标志着钱中文文艺思想的成熟，他对这一理论不断加以完善，同时又不断加以更广、更高的哲学概括和整合，这其中两个突出的成果是20世纪90年代中期以来对巴赫金交往对话思想的哲学重构以及提出“新理性精神”这一颇具哲学意味的概念。如果说审美意识形态、新理性精神论等代表着钱中文在理论创新方面的贡献的话，那么，组织翻译7卷本《巴赫金全集》及对巴赫金思想的引进、介绍、推广，则最能代表钱中文在知识学方面的重大学术贡献，这不仅对中国文艺学而且对整个中国人文学术的未来发展将产生深远的影响，具有极其重要的当代学术史意义。当然，对于作为理论家的钱中文个人来说，巴赫金的意义在于使他的理论创造又上升到了一个新的境界：人文理论家的理论道路与其人生道路往往是交融在一起的，一个偶然的机缘使钱中文遭遇巴赫金，两个不同文化时空的理论家的相遇是偶然的，但偶然中总有着必然，对巴赫金对话精神不遗余力的推崇、宣扬，其实又与钱中文自己对非此即彼的极端主义思维方式所进行的持续的批判和反思密切相关。我们可以用交往对话主义理论来分析:钱中文在对作为他者的巴赫金的发现中同时发现了自己,而在不断的对话中,钱中文也把自己的有关思维方式及人文科学方法论等方面的思考提升到了交往对话主义的哲学人类学的高度。

一、遭遇巴赫金:一场思想交往对话事件

钱中文接受巴赫金理论的过程,本身就是一场极有意味的交往对话事件。巴赫金在20世纪60年代初首先在苏联国内被“发现”,此后其理论就开始“国际旅行”,第二次是被法国结构主义者等所“发现”;80年代后随着巴赫金著述不断被整理出来,“巴赫金作为一位20世纪重要的思想家,昂然而立”,成为真正意义上的国际化的理论家,此为巴赫金的第三次被“发现”。钱中文在80年代初遭遇巴赫金,又是非常偶然的。1983年初,中国社会科学院准备在8月底、9月初,由钱锺书主持召开“第一届中美双边比较文学讨论会”,在会议筹备过程中,钱锺书通知钱中文在两个月内做一篇“命题作文”,即撰写有关苏联文学理论家巴赫金的文章参加此次国际会议。钱中文强调:80—90年代,我国兴起的巴赫金研究,实际上是和钱锺书的推动分不

开的。

在此之前，图书馆里虽有巴赫金的零星著作，但钱中文并未看过。中文材料方面，只有《世界文学》1982 年刊登的《陀思妥耶夫斯基诗学问题》第一章的译文及译者夏仲翼写的《陀思妥耶夫斯基的〈地下室手记〉和小说复调结构问题》一文。于是，钱中文找到了当时在国内仅能找到的两本巴赫金俄文原著《陀思妥耶夫基诗学问题》与《文学美学问题》（论文集），在认真研读的基础上撰写出了会议论文《复调小说及其理论问题》。参加这次会议的美国学者唐纳德·方格尔提供了一篇类似的论文，介绍了巴赫金当时鲜为人知的一些传记材料，同时也侧重于对复调小说理论的探讨。会议期间，方格尔提供给钱中文一份研究巴赫金的文献目录，对了解国外巴赫金研究很有帮助。从这份目录来看，在 1969 到 1982 年间，西方学者就巴赫金的学术思想已写了 130 多篇论文（苏联学者除外）。

这次会议后，中国香港、美国学界了解到中国大陆也有人在研究巴赫金，而其时巴赫金在西方学界已是名声大振。钱中文很快就收到香港大学比较文学系的邀请信，请他参加 11 月初的文学理论讨论会，并寄给他有关“重写文学史”等会议论文集。但由于时间局促，钱中文未能与会。钱中文会议论文的英译文本刊登在美国学术杂志《新文学史》1997 年第 4 期[①]上，并受到该杂志主编拉尔夫·科恩、麦克尔·霍奎斯特等西方学者的高度评价。

---

① Qian, Zhongwen: *Problems of Bakhtin's Theory about 'Polyphony'*, in *New Literary History*, Volume 28, Number 4, Autumn 1997, pp. 779—790.

>> 1983 年北京，中美第一届比较文学研讨会中方代表有钱锺书、王佐良、许国璋、周珏良、杨宪益、袁可嘉、钱中文等，美方代表有曼纳尔、刘若愚、白支、方格尔、欧阳桢、巴巴拉·列瓦尔斯基等

1984 年春，美国专门研究巴赫金的学者霍奎斯特夫妇来京短期逗留，约见钱中文，谈了不少国外研究巴赫金的情况，并送了由他编选、与艾姆逊共同翻译成英文的巴赫金关于长篇小说的一个文集《想象的对话》。霍奎斯特在苏联逗留多年，收集材料，已写完《米哈伊尔 · 巴赫金》一书，即将出版。这使钱中文对西方巴赫金研究状况有了更进一步的了解。1985 年，钱中文在法国进行学术访问，与研究巴赫金的重要理论家托多罗夫进行了学术交流，获得不少相关信息，后来他与托多罗夫还多有交往。1988 年，钱中文在莫斯科等地进行学术访问，附带地了解了巴赫金理论及其在苏联的研究状况。1996 年，俄国揭开了出版《巴赫金文集》（7 卷本）的序幕，几乎同时，钱中文与巴赫金遗产继承人鲍恰罗夫取得联系，并无条件地获得巴赫金著作

翻译成中文的版权，后与白春仁教授等一起，主编并出版了中译6卷本《巴赫金全集》，2009年出版了第七卷。

>>2008年巴赫金学术思想研讨会，右为法国学者托多罗夫

在20世纪80年代追求"片面的深刻"的理论喧嚣中，追求综合创新的钱中文的声音自然显得并不那么尖锐，因而也并不那么高亢响亮，而对追求综合创新的巴赫金思想及西方最新理论动态的了解及由此获得的国际化的宽阔视野，无疑增加了钱中文坚持自己理论选择的底气，我们也应该从这个方面来理解和把握钱中文80年代以来的理论发展道路。

显然，钱中文接受巴赫金理论绝非仅仅只是一个"事实"，用巴赫金理论的术语来说，更是一场"事件"，一场思想的交往对话事件。撰写研究巴赫金的第一篇论文时，钱中文阅读了一个多月的俄文原著，觉得巴赫金的文艺思想十分独特，和其他苏联文学理论大相径庭。前已指出，反思俄苏文论，是钱中文反思中国文论、寻求自身理论定位的出发点之一，而遭遇巴赫金无疑大大推进了他的反思及"发现自己"的进程。巴赫金认为，对人文科学的"文本"的理解的一个重要特性是"应答性"，而在我们看来，衡量一个人文文本

>> 巴赫金像

>> 钱中文主编《巴赫金全集》中译七卷本
上图为第六卷封面

理论价值乃至伟大性的一个重要标准，是其"召唤性"，巴赫金文本就有着巨大的"召唤性"。但是，另一方面，具有巨大召唤性的文本并不必然使每一个人都会产生应答，正是钱中文寻求自身文学观、方法论自主性的意向，使他对巴赫金的文本作出了积极的创造性的应答，就是说，只有努力"发现自己"的需求或主体性意识，才能使人发现与之相应的他人，从而通过交往对话，在他人身上发现自己。在为中文版《巴赫金全集》所写序言的结束处，钱中文指出："一个有独立的人格的思想家，他会忍受时代给予的一切苦难与折磨，超越它们，坚持把自己认为有价值的思想说出来。我想，巴赫金就是这样的思想家了。"[①]正是巴赫金独立的人格、自由的思想感召着钱中文，而在

① 《钱中文文集》第四卷，第 338 页。

>>2007 年北京，巴赫金国际学术研讨会，前排左起为程正民、王先霈、童庆炳、刘宁、托多罗夫、钱中文、萨哈罗夫、西纳尔特、彭克巽等

与巴赫金的理论对话中，钱中文也追求着自身独立的人格、自由的思想……

二、与学者、作家的交流和小说理论中的交往对话主义

钱中文接受巴赫金是从小说理论开始的，而这显然与他一直关注小说理论尤其关注俄苏小说有关，当然，从理论上来说这又与他始终关注文学及其理论的现代性与自主性、现实主义创作原则的发展等相关。

理论思辨与对文艺作品、文艺现象分析的结合，是钱中文文艺理论的一大特色，而这种特色的形成，除了他自己的自觉追求外，也跟他与许多学者、作家的交往有关。前已指出，钱中文受钱锺书的影响很大，而他进文学所

时的所长何其芳对他的影响也较大，其《七月，这湿润而闷热的七月——怀念何其芳同志》对此有所回忆。何其芳强调理论研究要多读作品及其研究，他写作的严谨态度给钱中文留下了深刻的印象。何其芳说，研究文学理论，最好搞几年文学评论，积聚大量感性知识，不致讨论理论问题时，总是干巴巴的。这使钱中文领悟到，研究文学理论，不仅要大量阅读文学作品，而且还应熟悉文学史，要对本国或外国的一些作家做深入的研究，对本国或某一外国的某段文学史做一些研究，才能在这方面有发言权，而钱中文也正是这么做的（见《钱中文文集》第四卷《文学理论研究琐谈》一文的相关论述）。还有一位对钱中文影响较大的学者是蔡仪。钱中文《深切的怀念——回忆蔡仪先生》有云，“阅读何、蔡二先生的著作，无异于一次理论的享受和补课，它们引起了我对理论的激情，从而使我的兴趣转向了理论研究”，“我的生活里充满了无数的偶然性事件，有的给我带来精神的痛苦，有的给我带来肉体的痛苦，唯有那次让我读何其芳、蔡仪先生著作的偶然性事件（1959 年秋到文学所后，正值‘反右倾机会主义运动’，党组织让他阅读何、蔡二先生新中国成立前后的著作，查查其中有无右倾机会主义思想——引者注），却给我带来了欢乐。每当我回忆起这件事，我总把两位先生当作我学术上的引路人看待，心里充满感谢和暖意。”[①]这也是钱中文对待与自己交往的前辈的基本态度。

作为文学理论家，钱中文一直保持着与文学艺术家的交往对话关系，比如在俄苏文化背景中，他不仅重视对俄苏文论的研究，而且也特别关注对俄苏重要作家作品的研究，他对果戈理、陀思妥耶夫斯基、托尔斯泰等重要作家作品均有不同程度的研究。与作家保持对话关系，有助于在与作家的对

① 《钱中文文集》第四卷，第 390 页。

>> 1995 年 5 月风雨芦溪河，左起陆荣发、钱中文、高晓声、林斤澜

话中保持自己的自主性，比如他就根据自己对陀思妥耶夫斯基的研究，对巴赫金相关理论作出了自己的判断：既充分肯定了巴赫金理论的价值，也指出其存在的问题。当然，作为中国理论家，钱中文更关注中国现代尤其当代文学艺术的发展，他与著名作家高晓声的交往可谓一段文坛佳话，两人有不少书信来往。高晓声去世后，钱中文撰写并发表了长篇纪念文章《忆高晓声》，详细地回忆了他与高的交往过程，其中洋溢着两人真挚的情谊。小说理论是钱中文文论的重要组成部分，他撰写的长文《神话、反讽与民族文化精神——文学中的高晓声文体》，指出了高晓声的小说善于应用民歌、民间故事与传说，强化了其创作的民族风格；又指出了其使用大量的“双声语”特

点,提出他的长篇小说《青天在上》是一种“细节小说”,并分析了细节特征。这些观点都得到高晓声的认同,高晓声说:民间故事可是“我这部长篇小说的一根重要支柱,如果把它抽调,就会失去光泽,五星饭店就会降成三星级”;“你的评论具体而细微,特别是讲了很多关于语言方面的话,是我很喜欢的,一个作家……能够形成独特的格局的最主要的素质就是语言。我自信我的语言不同于一般”;又说,“你那句‘细节小说’提得好,我之所以轻视情节而重视细节,是因为情节可以类同,细节不能类同”。钱中文的论文高晓声读后甚为满意,认为道出了他创作的特点。后来高晓声在钱中文家里小住,两人互谈了不少文艺创作的现象,观点往往“不谋而合”。钱中文在回忆文章中说道,有时“高晓声的一席话,使我大感兴趣,他对文艺创作的看法,与我的一些关于文艺的想法,十分接近,因此谈得十分投机”①。与当代作家的交往对话,使钱中文的理论具有了独特的现实感和鲜活力。

钱中文《小说:自由的形式》一文指出:“20 世纪小说派别虽然众多,但大体上是两大思潮:现实主义与现代主义。”该文勾勒了两大思潮相消长的基本状况,然后强调指出:“由于这种艺术思维方式(现实主义的)具有较大的普适性和应变力,使它能够产生多种流派,顶住巨大的冲击。”②随着现代高新科技尤其传播技术的发展,小说作为语言艺术的自主性又受到了新的更大的冲击,但是,“即使就是影视、声像艺术也难以取代小说这种语言艺术,难以企及小说形式的独特性”,这种独特性表现为:小说是“自由的形式”(托尔斯泰语)、“正在成长中的艺术形式”,并且不断地进行着横向的拓展(第 383—384 页)。新时期以来,中国当代小说“不同创作原则的使用,突破

① 《钱中文文集》第四卷,第 406 页。
② 《钱中文文集》第一卷,第 383 页。以下引语均出自该书,只在中文中注明页码。

了过去小说创作中现实主义一元化倾向”，同时，“出现了一些堪称现实主义小说艺术的精品，但就其创作原则来说，已不是过去的现实主义，而是吸收了各种新的流派手法的现实主义，是深化、创新、发展了的现实主义”（第384页）。钱中文一直关注当代小说的发展，并且对当代小说作家作品有具体的研究，如对高晓声小说文体的研究等。钱中文《长篇小说的命运》一文同样也体现出了对现实主义创作原则及文学语言艺术自主性的信心，文章强调：“审美思维形态与科学思维形态是不同的两种思维”，科学思维的发展会出现“更替现象”，而体现审美思维形态的“文学的创作原则与精神要复杂得多。它们奉行的是积累的原则”（第389页）。“小说作为语言的艺术，对于作家来说，大概是施展语言魅力最为得心应手的场地了。它可以显示个性，深入人物细微的心灵深处，构成大型对话、微型对话，制造复调音响。这些方面，影视艺术固然可以视听取胜，但在描述方面就不如小说那样，可以表现得更为细腻、深邃”（第390页），因此，“小说是会长久发展下去的”。

钱中文对俄苏作家有过较为深入的研究。他正式出版的第一部著作是对果戈理创作的研究。他还与别人合译了俄国19世纪作家谢德林的重要作品《现代牧歌》，并在中译本前言中对其艺术特色进行了分析：“把多种文学体裁移入长篇小说的框架之中，是《现代牧歌》体裁上的新的创造。这是一种新型的小说体裁，具有与传统小说不同的杂色的体裁汇集的特点”，“显示了现实主义创作类型的多样化，扩大了现实主义的审美领域。”特别值得一提的是，钱中文在《前言》之《附记》中还指出：“谢德林的这种由多种体裁包括使用非审美性的组成的小说体裁，在当今的后现代小说中使用得已相当普遍，恐怕这是谢德林始所未料及的。”[1]在评论果戈理时，他运用巴赫金怪

① 《钱中文文集》第四卷，第338—340页。

诞现实主义理论分析了作家小说的创作特色。他还编选、出版了《陀思妥耶夫斯基精选集》，该书序言《瞬间、共时艺术中的现实：梦幻与荒诞——陀思妥耶夫斯基其人其书》，对陀氏创作历程及文学观作了梳理。陀氏自己说："人们称我为心理学家；不对，我只是最高意义上的现实主义者，即刻画人的心灵深处的全部隐秘"——钱中文分析道："这种现实主义的特征，就是他小说中表现出来的心理对话的复调，就是在体裁上使极端对立的事物相互结合"，是一种使各种对立的东西"发生于瞬间的共时艺术"①。许多西方人将陀氏定位为现代主义的鼻祖之一，而在钱中文看来陀氏遵循的主导原则是现实主义。

钱中文《"复调小说"：理论与问题》指出，巴赫金发现，陀思妥耶夫斯基小说乃是一种"全面对话的小说"，其"复调小说"已难以纳入传统的"独白小说"的框架。陀氏复调小说所探索和描写的主要对象是"主人公的思想意识"，是"思想的生动的形象"，塑造了"艺术的思想形象"，而非通常所谓的人物性格形象。比如其《地下室手记》的主人公身上"所表现出来的复杂、矛盾的意识特征，远较其性格特征丰富得多，也有意义得多"。这对于传统现实主义重视人物性格刻画的创作方法自然是一种新的拓展；同时，钱中文也指出，陀氏也把这个主人公看作是一个"人物"，这对巴赫金的论点是一个补充（第 334—335 页）。复调小说的对话特征还表现在作品和人物的结构上，在传统的独白小说中，只有作者的一个声音，作品中人物的意识只是"客体"，不同人物的声音表现为"同音合唱"；而在复调小说中则是不同的声音"同时呈现""同时发生"——在巴赫金看来这又是通过"大型对话"和"微型对话"来实现的：在"大型对话"中，作品不同部分之间通过"对位法"使"不

① 《钱中文文集》第一卷，第 471—472 页。以下引语均出自该书，只在正文中注明页码。

同的声音各自不同地唱着同一题目”，从而形成“多声部”现象；另一种情况表现为情节发展的平行性，最终形成一种“多主题结构”，而在人物关系结构上则表现人物的对立式的组合（第 336—337 页）。“微型对话”包括“独白性的对话”与“对话中的对话”——钱中文指出：“过去我们一般把它们称之为心理分析，这自然也是对的，但是如果用各类‘微型对话’来称呼它们，我以为更为妥帖些。”（第 341 页）钱中文对巴赫金理论的创新性作了充分的肯定，但也指出其问题：首先是把复调小说与独白小说对立起来，有绝对化的倾向，陀思妥耶夫斯基的一些小说从整体上来看其实“并不排斥独白因素，即叙述因素”（第 341—342 页）。其次是扬复调而抑独白，而实际上陀氏在人身上发现人、刻画人“并不局限于使用‘复调’，而是通过多种艺术途径来实现的”，比如在心理描写上托尔斯泰强调“流动性”，陀氏则强调“过渡性”，两者有异曲同工之妙（第 345—346 页）。最后是对主人公的独立性有过分夸大的成分。钱中文对巴赫金重视“艺术形式的独特性”的方法论的价值作了充分肯定，但也指出：“我以为这种研究应当成为对文学艺术进行综合研究的组成部分。”（第 348—349 页）由此也可见钱中文自己综合创新的思路。

钱中文《“复调小说”：主人公与作者》一文又对主人公与作者的关系作了重点分析。复调小说中的主人公不是作家所议论的“客体”，而是“创立了自己充分完整思想观念的主体”，而“主人公的自我意识要求平等对话，对话则表现各种意识的独立”（第 351 页），“主人公的自我意识的独立性，主人公与主人公、主人公与作者之间的平等对话关系。可以说，这是理解‘复调小说’的关键之点”（第 352 页）。在复调小说中，“原来的客体向主体转化，客体意识转向主体意识”，“使小说艺术视觉发生了重大转折”，作家关心的是主人公的自我意识，而非其性格、典型，因而“环境的作用自然就减弱了”，这与作家的世界观相关。“巴赫金以为,这位俄国作家作品中的世界是深刻的、多元化的,即在他的小说里,不存在一个辩证的统一精神”(第355页),“在这个多元的世界中,一切同时并存,相互作用”,于是,“多样化和同时并存的思想,使陀思妥耶夫基对世界的观察和思考主要集中在空间而不是时间上”。钱中文认为:“可以把这种横向的艺术描写称作共时艺术,它揭示了小说艺术时空关系上的新变化、新动向,而传统的语言艺术、小说艺术是纵向发展的历时艺术”(第356—357页)。在多元并存的世界中,“人与人是平等的,他们需要对话,生活的本质就是对话”(第358页),“陀思妥耶夫基的对话性,来自对生活对话性的理解和艺术的移植。因此这种对话有别于一般小说和戏剧中的对话,它具有一定的哲理意义,它是反映了人与人之间的平等精神的对话”。对话性使主人公具有开放性、反对背后议论、未完成性等特征(第360页)。

钱中文对复调小说的研究本身也是在对话中发展的,其《“复调小说”:误解与“误差”》是一篇回应批评的文章,实际上涉及了人文科学中对话、理解的基本原则问题。他通过版本比较、关键概念的翻译等对相关批评作了回应,强调理解和对话应建立在掌握比较充分的原始文献这一原则(而批评者恰恰未读过巴赫金关于陀思妥耶夫斯基的著作)上。其次他还强调应从一个理论家的整体思想中去把握其相关理论——这两个原则其实都有现实针对性。在此基础上,该文指出:“努力理解对方,但也不怕说出自己的价值判断,甚至是错误的判断。我想这就是对话的立场了。对话需要说出自己的意见,并准备听取对方的反应。并不是对所有事物能够立时给以判断,但也不是所有事物不能给以判断,否则我们就处在绝对的相对主义中了。”(第377页)该文还强调应从中国文论建设的角度去理解和借鉴包括巴赫金理论在内的外国理论:“说实话,正是国内文学理论界提出的问题,使我对巴赫金产生了兴趣。《作者与主人公》一文及另一些文章，正是前几年关于文学主体性的讨论促使我写成的。我采用了避免直接卷入的形式，但巴赫金提出的暗中论辩体的运用却是不少的”（第380页）——出于对一度盛行的庸俗社会学过分强调人与人之间社会关系的反驳，主体论等有忽视社会关系的倾向——巴赫金的对话理论为钱中文反思这种矫枉过正的做法，提供了切入点和立足点。文章最后强调，“人与人的关系是一种对话关系”，乃是“巴赫金艺术哲学的出发点”（第380页）——而钱中文后来也正是越来越在艺术哲学及至哲学人类学的层面上展开对巴赫金的研究，同时进行着自己的理论建构。

当然，对于巴赫金来说，“独白”与“复调”的理论也是不断有所发展、有所调整的，钱中文即指出，“在写于50年代初的关于对话的笔记、文章里，巴赫金提出了对话与独白关系的相对性”；“在60年代初的笔记里，他甚至说道，在深刻的独白性的言语作品之间，也总存在着对话关系。而且两个表述即使在时间、空间上相距甚远，只要从涵义上加以对比，也会显露出对话关系的”①。这些说法无疑更为辩证。对由“艺术视觉”进而导致“艺术思维”革新的重视，显然也体现了钱中文对于当时理论的关注点。他认为，这种革新在现代主义流派中有所体现，在20世纪的现实主义的流派中也得到了发扬光大。

三、美学、语言哲学中的交往对话主义

对巴赫金的研究，使钱中文强调审美与历史、内在与外在、自律与他律

① 《钱中文文集》第三卷，第312—313页。

等相统一的综合创新的思路变得更加清晰。钱中文也一直关注美学研究。在20世纪80年代的美学热中,存在着一种过分强调审美自律性、独立性而忽视社会交往的倾向。这同样与矫枉过正的思维方式有关,而从理论渊源上来说这又主要受康德以来的西方审美自律思想的影响。如果与西方比较起来,这同样存在着"错位"。钱中文《美学:面向原创精神,面向现实与人》一文即指出:"近百年来中外美学研究,实际上和文学理论领域一样,同样发生了'错位',但这是'滞后'的错位,即长时间地跟在别人讨论过的问题后面,介绍、解释别人的话题,做着别人做过的学问。"[①]80年代,当我们热衷于西方人"曾经"鼓吹过的审美自律理论时,西方美学、文论却正在强调重视人与人之间社会关系的研究(所谓"文化研究")。当然,随着中国社会整体的发展及全球化的迅猛发展,中国美学也出现了新的机会,"和西方探讨同一话题、共同的话题,从而使'滞后'的距离大大地缩短,慢慢地消除了'错位'现象,这是一个重大的变化。但是这不是简单地合流于西方,处处跟随西方的理论,而应探讨自己的切身问题",即探讨和关注人尤其中国人的现实生存状况(第203页)。此外,钱中文同样高度关注中国美学的自主性,他对中国理论界提出的"文艺美学"的说法给予了充分的肯定,其《文艺美学:文艺科学新的生长点》指出:我国古代,纯美学式、体系式的研究相对不很发达,"但是对创造主体的审美活动充满诗意、富有灵性的体悟、对于艺境的空灵的体认、并在这类活动中形成的文艺美学,却是特别发达的"。"要把我国古代文论主要是文艺美学这种形式,完全纳入外国美学与文学理论的范畴、观念、体系中去,就总会让我国古代文论觉得无所适从,失去了其自身的独特点"。"相反,把外国美学的范畴、观念,完全纳入中国的文艺美学中去,也是

① 《钱中文文集》第四卷,第198页。以下引语均出自该书,只在正文中注明页码。

很困难的”（第193—194页），解决之道是在不断的平等对话中进行综合创新。

从西方来看，康德美学的初衷是试图打通真（感性、知性）与善（纯粹理性），但其实际后果尤其对后世的实际影响却是使美（艺术）与善（道德伦理）产生了割裂的趋向。“19世纪末20世纪初，实证主义在哲学中的蔓延与科技发展中的机械论的影响，使得当时不少哲学家忧心忡忡。他们以为当时哲学中失去了人，美学排除了伦理、价值的要求”①，巴赫金《艺术与责任》等文可见其试图建构“伦理哲学”的倾向，而他20世纪20年代上半期的一系列著作表现出这样一种特征，即“美学的伦理化、哲学化思考，哲学、伦理学的美学化倾向，以及渐渐出现了一个中心思想，这就是交往、对话的思想”（第399页）。此期，“巴赫金的哲学美学大体可分为两个方面，一是通过对审美活动的阐释，建立语言创作美学，二是通过对当时的形式主义流派、弗洛伊德主义的评析，确立了文学理论中的社会学原则”（第313页），前一方面主要体现在其《审美活动中的作者与主人公》中。钱中文把巴赫金的美学思想概括为“交往美学”：巴赫金所强调的在人的行为中我与他人以及他们的相互依存关系，在审美活动中就体现为“作者与主人公”之间的关系，“审美事件只能在两个参与者的情况下才能实现，它要求有两个各不相同的意识”（第313页）。关于两者之间的关系，巴赫金提出了紧密联系在一起的“超视”说与“外位”说。在审美活动中移情固然重要，但“在移情之后都必须回归到自我，回到自己的外位于痛苦者的位置上”，而“超视”强调的是：我作为“自己眼中的之我”，是一个积极性的主体，“我所看到的、了解到的、掌

---

① 钱中文著：《交往对话主义的文学理论——论巴赫金的意义》，《钱中文文集》第三卷，第298页。本章以下凡不特别注明出处的引语均出自该书，只在正文中注明页码。

握到的，总有一部分是超过任何他人的，这是由我在世界上唯一而不可替代的位置所决定的”，但这又绝不意味着与他人相割裂，“一个人在审美上绝对地需要一个他人，需要他人的观照、记忆、集中和整合的功能性”（第314—315页）。巴赫金也以此区分了艺术与游戏：游戏不是描绘，而类似于自我幻想，它没有进入我与他人的关系中，所以它不构成事件；而艺术作为审美事件必须进入我与他人的关系之中，“审美活动中的我与他人，就形成了一种内在的、任何一方不可或缺的对应、潜在的对位、对话关系”（第315—316页）。

钱中文认为，“结构主义者曾把巴赫金引为同道，但巴赫金与结构主义者相去甚远。他‘反对封闭于文本之内’，他说：‘我则在一切事物之中听到多种声音和它们之间的对话关系。’”（第491页）巴赫金指出：“在结构主义中，只有一个主体——研究者本人的主体”，因而不存在对话。比如俄国结构主义者曾把普希金的《叶甫盖尼·奥涅金》的多语体性“理解为一种重新编码，其结果最重要的对话因素消失了，不同语体的对话变成了一个东西的不同说法同一共存”（第337页）。“巴赫金不是形式主义者。他对形式主义的批判，显示了高度的理论性，同时他也吸取了形式主义的长处。”（第491页）从方法论上来说，巴赫金超越了所谓内部研究与外部研究：“每一种文学现象……同时既是从外部也是从内部被决定的。从内部——由文学本身所决定；从外部——由社会生活的其他领域所决定。”内部与外部又是可以相互转化的，“任何影响文学的外在因素都会在文学中产生纯文学的影响，而且这种影响逐渐地变成文学的下一步发展的决定性的内在因素”（第317页）。巴赫金把“语言材料”与“艺术形式”区分开来，指出，形式主义美学是一种没有内容的“材料美学”，而在实际的语言艺术中，“形式是内容的形式，而内容是有形式的内容”（第318页）。钱中文指出，“巴赫金关于拉伯雷的论述，把文学作品的研究与文化历史方法结合起来”（第 330 页），而多年来马克思主义文论往往“越过文化把文学直接与社会经济联系起来”。巴赫金强调揭示“真正决定作家创作的强大而深刻的文化潮流（特别是底层的民间的潮流）”的重要性，钱中文认为，这是一种“整合的文化诗学思想”——钱中文本人对这种方法极为推崇，比如他充分肯定了许明主编的《华夏审美风尚史》，原因之一是：“就方法来说，审美风尚的研究，是一种在大文化的视野背景上的‘大美学’式的研究，或者说，是美学的‘大文化’式的研究，因而也是美学的全景式的描绘、整体性的探讨；是对作为人的本质的确证的审美本性，进行了多方面的、总体性的展现，在多层次的文化现象中，来揭示人的丰富的本质及其演变。这种美学的大文化式的、全景式的研究，又是美学的一种多学科的、交叉学科式的综合探索。”[①]而这显然也是钱中文自己所倡导并践行的综合创新的题中应有之意。

巴赫金理论与西方 20 世纪上半叶主流的形式理论、结构主义的思想的不同之处，又集中体现在其所谓“超语言学”的语言哲学建构中。“（巴赫金）1929 年出版的《马克思主义与语言哲学》，从社会学观点出发，批评了当时语言学中两个派别，即‘个人主义的主观主义’与‘抽象的客观主义’”（第 306 页），前者存在心理主义倾向，后者主要存在肇始于索绪尔的结构主义倾向。巴赫金首先从“意识形态创造科学”的角度展开分析，强调“意识的逻辑就是意识形态交往的逻辑、集体的符号相互作用的逻辑”。“在概述符号与意识形态的相互关系时，巴赫金认为，意识形态是不能与符号材料的现实性相分离的，也不能把符号与该时代的公众的视觉观照相分离，也不能把交往及其形式与其物质基础相分离”（第 308 页）。巴赫金认为，人的内部心理不

---

① 《钱中文文集》第四卷，第 350 页。

是物体而是符号,“心理感受是机体与外部环境接触的符号表现”,而意义作为符号的功能是符号的“独特的自然属性”,这种自然属性表现在机体的活动过程的各个方面,如呼吸、内部话语、面部表情,等等。以此来看,狄尔泰“意义”理论的问题就在于使主观心理感受跳过符号而直接诉诸意义,忽视意义与符号之间的必然联系(第308页)。可以说巴赫金突出了符号在个人主观心理与意义之间的中介性——这种符号学的观点“解决了心理主义与反心理主义的矛盾”(第309页),于20世纪西方语言学转向中也独树一帜。同样,个人心理与意识形态也以符号为不可或缺的中介,并通过这种符号中介而相互转化,“在社会的交往过程中相互融合”(第309页),这对马克思主义传统的意识形态论也是一种拓展,因为在“经济基础—上层建筑(意识形

>>在北大比较文化、文学研究所博士学位论文答辩会上,前排左起童庆炳、钱中文、乐黛云、张少康,后排左起王一川、陈跃红、王照华与张法等

>>2002 年 3 月 与叶水夫交谈

态)”的框架中，符号的中介性及客观的“自然属性”往往没有被特别重视。巴赫金更为重要的贡献是其“超语言学”：“以语文学要求为主导的语言学总是从完成的独白型表述——古代文献出发”，而“超语言学”研究的是“活的语言中超出语言学范围内的那些方面”（第 310 页），即“表述”“话语”等，而非抽象的语言体系，是实际的语言活动真正的中心，“单个词语只有在它们处于交往的语境中，在富有表现力的语调中才能获得主体色彩，具有事件性、指向性、意愿性、评价性，从而渗透着对话的泛音，才能成为表述”（第 311 页）。钱中文还进一步总结道：“语言的对话关系实际上深深地潜藏在表述之中，表述的指向性就表现了这种对话的潜在意向。表述参与对话，引起对话。不同表述的涵义本身，就要求对话。表述要求表达，让他人理解，得到应答，然后再就应答作出回答，来回往返，以至无穷。”（第312页）对话就是这样一种无穷无尽的过程，而人就存在于这种对话过程中，于其中确证着自身人之为人的存在。钱中文认为，“超语言学”是巴赫金交往哲学的进一步实现，他也进一步在哲学人类学的层面展开着与巴赫金的思想对话。

四、哲学人类学、诠释学中的交往对话主义

钱中文所谓的“走向交往与对话”实际上也是对他自己理论发展方向的一种勾勒，从对巴赫金理论的接受过程来看，20世纪80年代，相对而言他还主要从文论尤其小说理论的角度加以接受，而随着对巴赫金研究更全面深入地展开，同时也是随着他自己理论思考层面的逐渐提升，钱中文把接受的视角提到了哲学层面——交往对话主义是他提出“新理性精神”这一颇富哲学意味的概念的重要促成因素之一。如果说对巴赫金过分强调复调而有割裂与独白（叙述）关系之嫌的小说理论的接受还有所保留的话，那么，在人的生存哲学（人的存在、存在形式、活着的意义、人与他人的关系的人学等方面）、文化哲学（中外文化关系等）、人文哲学（不同于自然哲学的方法论等）等层面上，钱中文对巴赫金的交往对话精神则可谓不遗余力地加以推扬，并将其融入自身的理论建构之中。

巴赫金涉及的领域太多，思想又太丰富，但他本质上是一位哲学家，20世纪70年代初，他就称自己的哲学美学是“哲学人类学”，其《论行为哲学》还谈及包括存在论、政治伦理学、宗教伦理学、艺术创作伦理学等在内的哲学理论建构计划。钱中文指出，巴赫金思考的出发点是“现代危机”，而“现代危机从根本上说就是现代行为危机”，这种危机表现为文化世界与生活世

界相互隔绝，行为与责任互不相关，而巴赫金试图"以伦理学为核心，建构他的'第一哲学'，价值哲学。这种哲学叫作行为—伦理哲学，或者叫作存在哲学、人的哲学，而后通向了哲学人类学"（第 300 页）。巴赫金的哲学存在论认为，"存在"首先与"我"相关，同时也与"他人"相关，"整个存在同等地包容着我们两人"。人的存在、行为又构成事件，"巴赫金从伦理哲学的角度，思考了人的存在，他的存在的基础，即行为的事件性，由此而产生人的主体的参与性、积极性，道德上的责任性与应分性"（第 301—302 页）。

钱中文指出："如果说在《论行为哲学》中，从伦理学的角度确立了人，确立自我的独一无二性及其在存在中的位置，那么，在后来的美学、文学理论著作中，巴赫金进一步探讨了人的本质问题，并使它充满人文精神的涵义"（第 302 页）。尽管"他写文学理论著作似乎是不得已而为之"，但他关于人的思想与对话思想的发展，却恰恰主要体现在《审美活动中作者与主人公》和稍后的《陀思妥耶夫斯基诗学问题》等文论著作上。"如果说，过去主要是谈人的行为、存在、事件、在场、应分，现在则进一步转向了人的存在方式。在这里，人、人的存在、存在的方式，更深入一层地提出来，进而建立了一种对话性的相互依存的方式"，其中"我"与"他人"的关系转换成了"作者与主人公"的关系，同时"极大地改变了两者之间的性质，使原来的两者关系发生了重大的变化。原来的两者的多种制约关系、两个个体的相互交往关系，现今被界定为两者之间的平等关系"（第 304 页）。因此，"作者与主人公"在巴赫金理论中绝非仅仅只是一对小说理论范畴，它们也是"审美伦理学的基本范畴"，并且更为重要的是巴赫金赋予这对范畴以哲学意义。"作者"在哲学意义上就是一个"行为主体"；"主人公"虽是行为主体的产物，但却是相对于"我"的"他人"，因而也是具有同样的"自主性的意识或自我意识"的独立存在的"行为主体"，而"当作者与主人公对位，当意识与意识对位，就成了人的行为、存在的事件，就形成了一种交往”（第 305 页）。事实上，《陀思妥耶夫斯基诗学问题》中也存在着哲学存在论或哲学人类学的直接论述：“存在就意味着进行对话的交往。对话结束之时也就是一切终结之日。因此，对话不可能、也不应该结束”（第 306 页）。钱中文分析指出：“交往的、对话的哲学、超语言学思想，使巴赫金发现了陀思妥耶夫斯基小说的复调特征，而这种复调小说又深化了巴赫金的交往、对话理论”（第 319 页），“巴赫金的超语言学通过陀思妥耶夫斯基小说人物的语言的细致入微的考察，淋漓尽致、鞭辟入里地展现与确证着人的存在及其方式”（第 325 页）。可以说，对话理论的成熟过程本身，就是发生于研究人的存在的哲学人类学家与文学艺术家之间的一场伟大的交往对话事件中的。

巴赫金晚年写了不少笔记、短文，涉及人文科学方法论的多个方面。在研究对象上，巴赫金把“文本”界定为人文思维的根本对象，“文本的生活事件，即它的真正本质，总是在两个意识、两个主体的交界线上展开”，而“文本作为表述，其双声性、应答性、对话性都产生于交往之中”（第 332 页）。在有关“意义”把握方式的基本方法论上，巴赫金强调人文科学对文本意义的把握是一种“理解”而非“解释”——这其中蕴涵着一种许多西方哲学家都涉及的诠释学思想。钱中文认为，巴赫金有着一种“有关人文科学的总体性的诠释学思考”，并因此专门撰写了长文《理解的欣悦——论巴赫金的诠释学思想》，“把巴赫金对诠释学的基本观点即‘理解’‘解释’等所作的大量论述，结合他的交流对话思想，提到交往对话诠释学（或超语言学诠释学）的水平上来理解，并把它放到诠释学的各个流派思想的背景之上，加以探讨”（第 339 页）。在社会的现代化进程中，随着工业和科技的迅猛发展，一种工具理性日趋盛行，并不断往人文科学领域渗透。这引起了人文思想家的警醒和反思，西方现代人文诠释学就是在这种语境中产生和发展起来的。首先出现的是狄尔泰力图建立一种总体性的“精神科学”的相关思考,“狄尔泰阐释了人文科学与自然科学之别,提出人文科学以体验性的心理学基础的理解与解释为其基本方法,并以理解与解释贯穿于他的规范的人文科学,赋予了它们普遍的有效性,建立了他的认识论诠释学思想”(第343页)。巴赫金在《马克思主义与语言哲学》中对这种“理解和解释的心理学”作了探讨,而巴赫金的诠释学则可以说是建立在其强调交往对话的人的存在哲学的基础上的,并且还避免了人文科学与自然科学对立的绝对性:“把两者对立起来的做法(狄尔泰、李凯尔特)为人文科学后来的发展所推翻。引进数学方法与其他方法,是不可逆转的过程;但同时又发展着也应该发展特有的方法,以至整个特点(比如价值论方法)”(第346页)——这也可以说是钱中文对20世纪80年代在中国学界的方法论热中把一些自然科学方法引入文学研究领域的做法所持的基本态度。

狄尔泰之后,海德格尔提出了本体论诠释学,伽达默尔进一步提出“哲学诠释学”,将诠释学导向“语言本体论”,并对美学、文艺学产生较大影响,形成接受美学、读者反映批评等理论流派。接受美学的重要代表之一姚斯的演讲稿《对话的理解问题》以巴赫金为开头与结束——巴赫金诠释学思想与哲学诠释学、接受美学等确实存在相通之处。但钱中文强调指出,巴赫金后期各种笔记中的有关“超语言学”的诠释学思想“完全显示了自身的独特性”,其语言本体论强调:“语言的整个生命,不论是在哪一个使用领域(日常生活、公事交往、科学、文艺等等),无不渗透着对话关系。”(第350—351页)这又集中体现在巴赫金对“理解”的分析之中,巴赫金认为,“解释”只有一个意识,而“理解”也即对文本的理解则有两个意识,并具有“应答性”。一方面,“理解者要建立自己的想法、自己的内容;无论说话者还是理解者,各自都留在自己的世界中”;另一方面,“说者和理解者又绝非只留在各自的世界中，相反，他们相逢于新的第三世界，交际的世界里，相互交谈，进入积极的对话关系”。于是，“理解者不可避免地要成为对话中的第三者”，即“超受话人”（第352—353页）。作品的任何表述总是在寻找读者，即“第二者”，而“除了这个受话人（第二者）之外，表述作者在不同程度上自觉地预知存在着最高的‘超受话人’（第三者）；这第三者的绝对公正的应答性理解，预料在玄想莫测的远方，或者在遥远的历史时间中”（第354页），这些说法很接近接受美学的相关思想。钱中文认为，巴赫金的这种对话诠释学颇为接近哈贝马斯建立在“普遍语用学”基础上的批判诠释学，在哈贝马斯看来，“交往的话语导向对话，对话导向对话双方的主体间性的出现，进而产生理解与普遍认同”（第358页）。为此，钱中文还撰写《各具特色的交往对话：哲学与诗学——巴赫金与哈贝马斯》一文对两者作了比较和分析，认为两人理论，“既有同一，又有差异”，“两人的交往对话理论，实际上都具有道德伦理色彩，但趋向不同”，巴赫金强调人的应分、责任及人的人格独立、人与人之间的平等对话关系，显示出高度的人文精神；而哈贝马斯则以理性、现代性批判见长，显示的是强烈的批判精神（第494页）。

钱中文对巴赫金诠释学思想的分析，实际上是一种创造性重构。“诠释学思想把巴赫金的各个方面的创新理论，沟通与融会起来，使我们可以从整体上把握与理解巴赫金的复杂思想与艺术观念”（第339页）。在思想对话中，钱中文试图在巴赫金身上发现自己，而他也确实成功地发现了自己，找到了自己的理论定位。深厚的俄苏学术背景，组织翻译、校对、勘正《巴赫金全集》，这些完全可以使他成为巴赫金研究专家、学问家，事实上他也堪称这方面的重要专家，但他自己不局限于此，更愿意将自己定位为理论家，而与巴赫金进行创造性的思想对话，进而进行自己的理论创新。其《各具特色的交往对话》一文指出：“我在这里简要地探讨两位思想家的学术思想，不仅仅在于了解他们学术上的共通之处，更在于弄明白他们的学术思想对于我们新的文化、文学的建设的有效程度。”他还指出，他自己提出的新理性精神，无疑“受到了巴赫金与哈贝马斯交往对话思想的启迪”，巴赫金的对话思想，使他找到了排除极端性的非此即彼的二分法思维，建立具有一定价值判断的亦此亦彼思维更坚实的立足点。“在哈贝马斯的交往理论主张的理性中，现代性是个尚未完成的事业。交往理论就是现代性的实现”（第495页），坚守“现代性”“理性”，也是钱中文“新理性精神”论的基本点。与此相关，我们知道，其实后现代主义者、解构主义者在文本结构中也揭示出了人与人之间的关系结构，只是他们更强调人的社会关系的对抗性与差异性的一面，而巴赫金的文本对话理论在重视对立、差异的同时也强调和谐与交融——对巴赫金的赞同也体现了钱中文自己重视“建构”的基本理论立场。再如，正是基于自己对新理性精神的“人文性”的倡导，钱中文对巴赫金有关人文科学研究方法的“人文性”的分析也作了特别强调。

此外，钱中文还特别重视巴赫金提出的“长远时间”的概念及强调一个时代的文化不是“封闭的圆圈”而是“开放的统一体”等说法，也可见他重视经典和传统的旨趣。钱中文指出：“如果过去存在主义思潮及其文学作品，提出过‘我是谁’以表现当今社会里人与人的相互隔膜与异化，那么现在问题则是以复数出现了：‘我们是谁’，可以说，这显示了整体的迷蒙。”[①]。我们也可以此勾勒钱中文自己理论发展的轨迹：可以说这是一种不断追求文学理论中的“我”、“我们（中国文论）”的自主性的过程，而这一过程同时又是在开放性地与他人、他国的理论的不断地相互融入的交往对话中展开的。

---

① 《钱中文文集》第四卷，第228页。

第八章　新理性精神文学论

20 世纪 90 年代中期以来，“新理性精神文学论”的提出和发展，标志着钱中文文艺理论进入了一个新的更为成熟的发展阶段。随着全球化的迅猛发展以及中国社会的全面转型，全球化与本土化、经济与文化的矛盾迅速彰显。一方面，社会以前所未有的速度发展；另一方面，随之而来的问题也不断涌现，商品拜物教的肆虐、道德滑坡、人文精神失落都令人触目惊心，它们影响了人的精神的全面的、正常的发展，也不可避免地对文学的发展带来了挑战。为了实现文学理论与社会之间的良性互动，现实关怀显得尤为重要和迫切，特别是在价值多元的情况下，亟待文学理论家承担社会批判的功能，以发挥其价值引导的作用。正是在这样的语境中，钱中文思考文学艺术的新人文精神问题，展开其“新理性精神”建构。他结合文论界提出的各种问题，吸收了巴赫金的交往对话主义思想，对于自己有关文学理论现代性、文学传统、文化与感性等一系列问题的研究成果进行了整合和提炼，初步完善了新理性精神文学论的建构。毫无疑问，这是他文学理论研究的全面收获时期，也是其影响向纵深处发展的时期，其主要标志和最重要的成果之一就是新理性精神文学理论，而钱中文强调：这一理论建构是中国学者在交往对话中所形成的又一共同的理论成果。

一、新理性精神论：中国学者在交往对话中的又一共同阐释

前已指出，审美意识形态论影响广泛，同样，“新理性精神”甫一提出，也在学界产生了广泛的影响。据我们所知，1999 年在钱中文的《文学理论：走向交往对话的时代》（北京大学出版社 1999 年版）出版座谈会上，学界曾集中讨论过“新理性精神”。2001 年 10 月，中国中外文艺理论学会与厦门大学联合举办了“新理性精神与文学研究方法论全国学术研讨会”，专门就这个问题进行了专题研讨。2003 年，在《文汇读书周报》与《学术月刊》联合评选的“2003 年度中国十大学术热点”中，“新理性精神和现代审美性问题的讨论”名列第九，这也是该年度唯一的文学议题①。

“新理性精神”还得到了文论界广泛的认同和高度的评价。王元骧高度

① 2004 年 1 月 5 日《文汇报》。

肯定了其现实意义:“在这种情况下重新认识和估计人文的、道德的、实践的理性在整个理性结构中的地位,并使其按照今天的时代要求来与知识理性、理论理性实现新的综合,从而使之对人们在物欲横流、道德滑坡、文化失范、信仰泯灭的社会大潮中保持自己的人格尊严和独立;对在日趋商品化、浅俗化、粗鄙化的创作倾向中,维护文学艺术的理想性和超越性的品格,起着一种理论规范导向的作用,无疑是很有意义的。”①许明揭示了它之于中国思想界的意义:“我们所说的新理性有两个基本立场:一,在文化思想中,继承80年代以来的以‘人的解放’为主体的人文意识。二,新理性的建设是对19世纪与20世纪思想成果的合理内核的综合汲取。这个立场对中国思想界来讲,特别重要,特别迫切。”②徐岱指出了其理论价值:“但如果说它(指新理性精神——引者注)能够逐渐显山露水引人注目,在于其思想内涵基本覆盖、整合了新时期以来中国文论界主流学者们殊途同归的思想立场与理论走向,那么它所具有的突出的理论意义,则主要还在于这一思想范式在客观上契入了全球化语境里对于理性思想的批判与重建。”③张艺声则阐释了其创新意义:“对以前历史唯物主义的大拓展、对各类理性意识的大包容与对当下物欲横流的大反思”④。而且,“新理性精神”还促进了钱中文理论、思想的转型:“经历过这次理论总结和概括,钱中文的理论思想又面临再度开启,90年代中期以后,钱中文的思想显示出前所未有的开放,它几乎是站在当代思想的前沿,回应当代最尖锐、最前沿、最时尚的理论难题。”⑤

① 王元骧著:《“新理性精神”之我见》,见金元浦编《多元对话时代的文艺学建设》,军事谊文出版社2002年版,第31—32页。

② 许明著:《当代中国的人文理性》,见金元浦编《多元对话时代的文艺学建设》,第69页。

③ 徐岱著:《从唯理性主义到新理性精神》,见金元浦编《多元对话时代的文艺学建设》,第54页。

④ 张艺声著:《比较学理论:中西文论阐释大视野》,中国社会科学出版社2006年版,第116页。

⑤ 陈晓明著:《始终在历史中开创理论之路》,《文艺争鸣》2008年第1期。

>>2001年与北师大文艺学研究中心第一届学术委员会委员，左起王一川、朱立元、王先霈、李衍柱、钱中文、童庆炳、王岳川、周宪

下面对钱中文的新理性精神文学论略作评述。

二、反理性的深刻危机

钱中文提出“新理性精神”这一理念具有中外的理论和现实背景——他也对这些背景作了描述和分析。在西方思想史上，理性思想占据着举足轻重的地位，对社会、文化和人的精神世界产生了巨大的影响。其中，古希腊的理性思想奠定了西方整个理性思想大厦的基础：柏拉图把人区分为肉体与灵魂，理智、意志和情欲由高到低形成了灵魂的三个等级，人只有克服低级的情欲、情绪和情感，才能够获得精神的发展并达到永恒的境界，这样也才能培养适合于其“理想国”理性的人。在这一点上,亚里士多德继承了柏拉图的遗产,也强调了抑制和克服情感、培养理性的重要性。实际上,古希腊的理性思想极为丰富,它包括了理论理性和实践理性。

近代以来,笛卡尔、黑格尔和启蒙运动的思想家分别从各个方面发挥了理性思想,强调了其重要作用。而且,随着宗教的衰微,西方社会还出现了“理性化”的转变,“理性化”同时也是对宗教“除魅”的过程。马克斯·韦伯把社会行动划分为传统行动、情感行动、价值合理的行动和目的合理的行动四种类型,其中后两种类型的社会行动在西方社会发挥的作用更大。价值合理的行动本身就体现了对终极意义和价值的追求,与行动者追求世界和人生意义的目的直接相关;而目的合理的行动只是达到一个目的的工具、手段和中介,行动本身并不与终极关怀挂钩。目的合理性也可以被称为工具合理性、工具理性,受“客观因果法则”的制约,具有客观标准;价值合理性是一种与主观密切相关的理性,缺乏客观的标准。价值合理的行动和目的合理的行动之间的冲突始终存在,但近代以来,二者之间的分裂、冲突和矛盾加剧,结果后者占据了主导地位。这样,人们为了达到某一目的,就会不择手段地想尽一切办法,通过算计实现其目的,而不必顾及信仰、价值、伦理、义务、责任、终极关怀、真实的情感等这些更为根本性的因素。工具理性与科技、经济、管理结合起来,对西方社会产生了重要的影响。而且,工具理性、形式理性无节制地发展、膨胀,结果成为一种压迫性的力量,导致了对价值理性和实质理性的挤压和排斥,并引发了西方现代社会的紧张,最终形成了韦伯所说的“理性的铁笼子”。此外,理性的极端发展还导致了对理性之外的其他东西的漠视、排斥或打压,这样,感性、偶然性、特殊性、情感都统统被放逐了。

但是,诚如钱中文所指出的,当理性极端发展、神圣化、受到顶礼膜拜的时候,它终将面临危机四伏的困境。自 19 世纪中叶以来,意志哲学、生命哲

>>2002 年“多元对话时代的文艺建设”会后，王岳川所赠条幅，左起金元浦、王岳川、钱中文、周宪

学等各种非理性主义与反理性主义思潮风起云涌，它们从各个方面质疑、反思、批判、否定理性主义及其种种存在方式，颠覆了理性主义的基础和权威，揭示了其意识形态性、压迫性、独断性和片面性。这些思潮挖掘了被理性主义压抑的人的一面，揭示了人的另一方面的本质特征，极大地拓展和深化了人类对自身的认识。但是，它们抛弃理性后却纷纷倾向于生命、本能、无意识、感性、意志、非理性、反理性，尽情发掘与阐述人的孤寂、迷茫、焦虑、绝望、死亡，拓展了哲学的广大领域与深度。不过，在否定理性的时候，人类的价值、主体的能动性与人的尊严，又面临了新的危机。20 世纪初，卢卡契提出的“理性的毁灭”，形象地预示了理性的危机和非理性主义、反理性主义的

泛滥。在20世纪,实证主义、分析哲学、语言哲学等科学主义哲学迅速发展,而人文精神却日益淡化,或被排除于其视野之外。解构主义、后现代主义的出现,一方面解放了人们的思想和思维方式,另一方面又试图消解价值与精神。作者之死、主体性之死、知识分子之死、人之死的呼声不绝于耳,人类自身的粗俗、卑琐、空虚、无聊、无奈被无限夸大,并得到了淋漓尽致的描绘。赤裸裸的反理性主义,制造了多次重大的社会灾祸,也有以理性为号召的反理性主义,同样制造了社会的灾祸与动乱。

20世纪的科技、信息技术获得了日新月异的发展,它展示了人类的认识力量和创造力,但是,科技的发展与不合理的经济、政治等制度设计的纠结,导致唯工具理性的泛滥,权力意志的横行,贫富悬殊的加剧,自然环境大面积遭到破坏,种种后果令人触目惊心。

钱中文强调,当今理性的反常化还向其他领域蔓延,崇尚财富、时尚,诱发了人对物的欲望和享受的狂热追求,导致了物对人的普遍挤压,使人的关系日渐淡漠,甚至使不少人丧失人性,人的精神日趋单一、空虚、平庸和丑陋。随着形形色色的"钱性权"交易的横行肆虐,理想、价值和人文精神不仅严重缺失,而且还沦为被嘲弄、讽刺和解构的对象,甚至这些嘲讽行为还成为一种时髦而被追逐。这样,在失去了精神的观照和引导的情况下,人们仅仅依靠自然本能行事,疯狂地追求感性享受和个人利益。在失去了任何禁忌之后,人的伦理、道德、精神在多元化的追求中走向低俗、平庸。人文理性的缺失还导致了作家的道义担当和社会责任感的缺失,为了追求作品的销量,他们热衷于以平庸、粗俗、恶俗、腐朽的东西招徕读者,放弃了审美和提升读者精神境界的追求,结果导致了文学质量的急剧下滑。事实上,理性的危机只是一个表征,背后隐含着深刻的社会危机、道德危机、信仰危机和人文精神的危机,价值重建已迫切地提上了人文学者的议事日程。

三、价值的全面失衡与人文精神的指向

钱中文还指出，实际上，无论中西，文学艺术意义、价值的下滑，人文精神的淡化与贬抑，都相当普遍而严重。自 20 世纪 80 年代后期以来，中国逐渐走上了市场经济之路，也由于受到国外的哲学、文化、文艺思潮的影响，中国的大众文化迅速崛起，它片面地追逐过度的娱乐，满足人们的文化消费欲望和感官享受，一些作品热衷于性的描写，从一个侧面反映了文学艺术的贬值、堕落。之后，这些现象又影响到一些精英文学艺术家的创作：神圣的价值、信仰、理想被嘲讽；生存的平庸、无奈和粗俗得到了充分的展示；大肆地写作、渲染性主题。

随着社会的转型，这些问题非但没有解决，反而愈演愈烈。这些社会问题及其引发的精神危机、道德危机首先引起了某些人文知识分子的关注，其爆发点便是“人文精神大讨论”。针对文学艺术中出现的热衷于表现物欲、性欲、隐私、精神空虚，有意迎合读者低级趣味等倾向，以及由此导致的追求粗俗、平庸和平面化的审美意识，上海学者王晓明、陈思和等首先发起了人文精神的讨论。学者们分析了 90 年代文艺的媚俗、自娱、宣泄、艺术想象力的丧失等表征，以及由此反映出的理想主义的缺失、价值虚无主义等深层危机。实际上，文艺创作中的这些现象只是当时中国社会领域、精神领域、道德领域深层危机的表征，反映了社会转型时期价值的无序、混乱和亟待重建的现实。90 年代的人文精神讨论持续了若干年，但是，由于种种原因，讨论并没有获得预期的效果，但多数讨论者都承认，当时的人文精神确实是失落了，这是一个不争的事实，而且也亟待进行人文精神的重建。

正是在这种情况下，人们需要寻找一个新的理解与阐释人的生存与文

学艺术意义、价值的立足点。在钱中文看来，这个新的立足点就是新的人文精神，就是“新理性精神”。钱中文并没有介入当时的那场讨论，但他于1995年发表的长文《文学艺术价值、精神的重建：新理性精神》，从文学理论的层面回应了自己对人文精神讨论的思考[①]。在我们的印象中，钱中文之前的文章中很少有这样的文字，也很少有这样的激情和对现实的直接介入，这篇文章预示了他的一种新的论述问题的方式——理论直接贴近现实，与其80年代主要通过概念、命题和理论体系间接地回答现实问题的论述方式拉开了距离。钱中文把讨论的重点由作为人文精神主要载体的文学艺术引向了文艺理论，试图从文艺理论的层面解决文艺中人文精神的缺失问题，并把新理性精神作为治疗精神涣散的良剂，来克服表层化的、低级粗俗的感官欲望的泛滥。

实际上，新理性精神具有其特定的所指和一系列规定。在钱中文看来，它首先从大视野的历史唯物主义出发来审视人的生存意义，特别要正视人所面临的困境：这包括有形的人的生存的困境和无形的、深层的精神生存的挫折感；物对人的挤压、精神的平庸化；道德的沦丧、公德的缺失；科技功利对人的精神与价值的排挤；理想的匮乏与信仰的失落而导致精神的扁平化；人的异化和人性的泯灭。新理性精神的提出立意高远：“新理性精神意在探讨人的生存与文化艺术的意义，在物的挤压中，在反文化、反艺术的氛围中，重建文化艺术的价值与精神，寻找人的精神家园。”[②]为了达到其目的，新理

① 关于“新理性精神”建构与人文精神讨论的关系的详细描述和分析，参见高建平主编《当代中国文艺理论研究（1949—2009）》（中国社会科学院出版社2011年版）第十二章“新时期文艺与政治、经济关系的重组与文论范式的转型”（刘方喜撰写）之第三节“‘人文精神’论争与钱中文等的‘新理性精神’建构”。

② 钱中文著：《文学艺术价值、精神的重建：新理性精神》，见《文学理论：走向交往对话的时代》，北京大学出版社1999年版，第359页。

性精神坚信人要生存与发展，既要提高物质生活条件，又要建设、提高精神生活，使社会和谐发展："所谓人文精神，就是在人与社会、人与自然、人与人之间、人与科技之间的相互关系中，一种对人的生存、命运的叩问与关怀，就是使人何以成为人，要成为什么样的人，确立哪种生存方式更符合人的需求的那种理想、关系和准则的探求，就是对民族、对人的生存意义、价值、精神的追求与确认，人文精神是人的精神家园的支撑，最终追求人的全面自由与人的解放。"①这样的人文精神首先具有人的共同的普遍性，它包括了同情、怜悯、血性、良知、诚实、公正、正义感等在内的使人何以成为人的精神需求，是现代人应该共同遵守的契约式的准则，这也是人文精神的最基本内容；其次，人文精神是一种社会的、历史性现象，不同历史时期的内涵和强调的重点也不尽相同；最后，人文精神具有强烈的理想性，但是实现它需要立足于现实的基础。正因为此，新理性精神需要广泛地吸取众多的理论资源。

实际上，钱中文提出新理性精神的初衷，只是出于直接介入缺乏人文精神的现实的考虑，主要针对文学艺术而言，并没有将新理性精神论作为一个完整、严密的理论命题来对待，有不自觉的因素。但是，当它产生以后，并以理论品格来衡量的时候，新理性精神就要回应一系列的挑战：如现代性、社会生活与学术研究中的对话性、感性、非理性、反理性和传统的关系，等等。可以说，社会现实生活的变迁、人文科学学风的反思，直接催生了这个命题。正是在这种力量的驱动下，钱中文开始了更自觉地寻找、确立"立足点意识"的过程。理论的自觉又进一步丰富了新理性精神的现实性。2000 年，钱中文在其出版的新著《新理性精神文学论》中，首次把新理性精神观照下的文学主张命名为"新理性精神"文学论。在 2001 年召开的"新理性精神与文学

---

① 钱中文著：《新理性精神与文学理论研究》，见《钱中文文集》（一卷本），第 332—333 页。

研究方法论全国学术研讨会"之后,他吸取了多方面的意见,使新理性精神的内涵更为明确:"新理性精神是一种以现代性为指导,以新人文精神为内涵与核心,以交往对话精神确立人与人的相互关系,建立新的思维方式,包容了感性的理性精神。这是以我为主导的,一种对人类一切有价值的东西实行兼容并包的、开放的实践理性,是一种文化、文学艺术的价值观。"①他经过深入研究后最终形成了新理性文学思想,具有了新的理论生长点的意义,同时也是其文艺思想的哲学提升。

四、新理性精神的诉求

钱中文为什么以"现代性"、"新人文精神"、"交往对话精神"、感性与文化等方面以及它们之间的相互关系,来界定"新理性精神"的内涵?原因在于,几百年来,在社会现代化的过程中,它们总是作为理论的旗帜、行动的号召、人与人之间的思维方式、"均衡重量,确定价值"的准则而出现的。新理性精神是"综合了特别是 20 世纪以来在哲学思潮、社会实践、唯科学主义、科技霸权、人文科学、文学艺术中反复出现、不断重复、具有导向性、互有联系的几种规律性现象,给以综合阐释的一种理论观念。"②

1. 文学理论现代性问题,分歧、定位及其内涵

钱中文的新理性精神论把"现代性"作为建设文论的指导,把促进现代社会、文化、文学艺术发展的现代意识精神作为其组成部分。它强调了与其他现代性有别的新理性精神的现代性,即:"所谓现代性,就是促进社会进入

---

① 钱中文著:《新理性精神与文学理论研究》,见《钱中文文集》(一卷本),第 335 页。

② 钱中文著:《三十年间》,《文学评论》2009 年第 4 期。

现代发展阶段，使社会不断走向科学、进步的一种理性精神、启蒙精神，就是高度发展的科学精神与人文精神，就是一种现代意识精神，表现为科学、人道、理性、民主、自由、平等、权利、法制的普遍原则。”①新理性精神的现代性具有特定的规定性。

首先，钱中文认为：现代性既是一种现代意识精神，又是追求科学的、发展的、建设的思想。“现代性是一种建设的思想，对于我国文化、文学艺术的建设来说，我以为必须以现代性思想为指导原则。”②同时现代性也是不断面向现代的、正在进行中的现代性，是个未完成的事业，而非后现代性，虽然我们不能忽视后现代性的影响。其次，新理性精神把现代性本身看作一个矛盾的复合体，同时重视它的两面性，也反对两种极端：或以唯理性主义排斥感性需求，或以非理性主义和反理性主义来阐释世界，特别要反对忽视人文需求的实用理论理性的横行。为此，应该正视、批判现代性自身的消极面。现代性的消极面，常常作为现代理性的正面形象，总是以为自己是绝对真理的化身，不可动摇、永恒不变，结果给社会带来巨大的灾祸，并贯穿于20世纪的不同阶段。因此，新理性精神应该“把现代性的功能视为一种反思，一种文化批判，一种现代文化的批判力，也即一种思想前进的推力。需要坚持现代性的这一功能，使其自身处于清醒的现实主义状态，使其自身具有不断清理自身矛盾的能力”③。而且，新理性精神既要反对隐瞒事实、随意打扮历史与现实的实用主义的话语霸权，又要反对否定历史与现实的虚无主义与怀疑主义。再次，新理性精神重视传统及其与现代性的联系，现代性视野中的传统既有过去的优秀遗产，又有更新和创造。中国的现代性建设应该立足

---

① 钱中文著：《文学理论现代性问题》，见《文学理论：走向交往对话的时代》，第279页。
② 钱中文著：《文化、文学中的现代性与后现代性问题》，《社会科学辑刊》2002年第1期。
③ 钱中文著：《新理性精神与文学理论研究》，见金元浦编《多元对话时代的文艺学建设》，第6页。

于中国现代文化传统的基础,并广泛地吸收中国古代和外国文化的传统,从而建立起适合于中国国情的新的文化形态。这一问题在我国争论了一百多年,在社会实践中,始终未获真正解决。最后,从历史的角度看,现代性是一种包含了历史具体性的现代意识精神、一种具有历史指向性的现代性。各个历史时期的现代性的内涵既存在着相同、一致的地方,又有差异、不同,中国的现代性与外国的现代性的关系也是如此,不能以外国的现代性来要求、规范、替代中国的现代性。

文学理论现代性是现代性的有机组成部分,但又有其特殊性。研究文学理论的现代性问题,不能把它与现代性所要求的科学、人道、自由、民主、平等等观念及其历史精神与指向等量齐观,但又不能脱离现代性而孤立地探讨文论的现代性。因此,要根据现代性的普遍精神,结合中国文学、文论的实际与发展趋势,来确定中国文论现代性的内涵。

在钱中文看来,就中国的现代性而言,在20世纪,“全盘西化”式的现代性、彻底革命式的现代性都遭受了挫折,我们只有吸取历史的经验、教训,立足于本土,整合各种资源为我所用,才能走出中国自己的现代性之路。西方尚有“未完成的现代性”之说,在中国,体现了现代意识精神的现代性就更不会过时。而且,中国的现代性不但需要承担批判旧价值的功能,还需要承担起维护人的生存所需要的普遍价值原则与普遍精神的任务,以及重建遭受破坏的价值与精神的重任。同时,中国文学、文论面临的情况更为复杂。自20世纪50年代初到70年代末,在政治的干扰下,文艺完全处于被动的从属地位,其主体性、自主性消失殆尽,文艺、文艺理论与批评也就成为政治杀伐的工具。70年代末80年代初,错误的文艺政策得到调整后,文艺、文艺理论与批评才走上了正常的轨道,开始了学理性的探讨。与此相伴的是审美意识所发生的求新、求变、更新思维方式等方面的变革;创作的政治群体意识削弱并向个体的、个性化的审美意识倾斜；注重感官、欲望的大众审美意识的勃兴，既体现了审美意识的自由与民主性，但也暴露出粗俗性与庸俗化的消极性。同时，有关文学本质的论述纷纷涌现，促成了文学观念多样化，文论的哲学基础也出现了认识论、反映论、价值论、本体论、人类学本体论、生命本体论的多元格局，文论的自主性明显加强，也体现了现代性的张力。最终，钱中文将文学理论的现代性概括为："当今文学理论的现代性的要求，主要表现在文学理论自身的科学化，使文学理论走向自身，走向自律，获得自主性；表现在文学理论走向开放、多元与对话；表现在促进文学人文精神化，使文学理论适度地走向文化理论批评，获得新的改造。"①

>> 2000 年在文学理论的未来：中国与世界国际研讨会上，左起钱中文、王守、乐黛云、加·施瓦布、希利斯·米勒、西蒙·杜林等

① 钱中文著：《文学理论现代性问题》，见《文学理论：走向交往对话的时代》，第 288 页。

2. 新人文精神,文学与人的精神家园

钱中文指出,20 世纪的哲学、社会思潮、文学艺术都强烈地表现着一个主题,它们都因现实中人的物质的和文化精神的危机而叩问人的生存与命运,现代性实际上表现了它们的取向与途径。文学艺术是人的精神的重要载体,其话语的表述具有强烈的人文因素,即文艺对人的价值、命运的关注,及其为生民立命的使命。因此,钱中文所谓的“新理性精神”把新的人文精神的建立,视为自己的内涵与核心。哲学、心理学对人的非理性领域的探索与深入,影响了文艺,但是理性遭受了泼水弃婴的命运,文艺创作中也掀起了一股非理性主义、反理性主义思潮——在这种思潮影响下产生的文艺作品,一方面拓展了人类对自身心理、思维的认识,促进了文艺的创造,更新了文艺思维和文艺观念;但是另一方面,它们又极端地排斥一切,着力渲染人的困境、绝望、焦虑、虚无、荒诞,并否定希望、进取、进步,使人文精神陷入困境。这样,人就沦为扁平化的、毫无意志和随波逐流的人,悲观成了世界的基本色调。为了激发人的生存勇气、自豪感和自信心,需要纠正非理性主义、反理性主义的偏颇,使文艺更好地营造人的精神家园。从这个角度来说,新理性精神把非理性与非理性主义、反理性主义予以区别,并实事求是地看待其各自的作用。新理性精神重视偶然性在历史、精神和文艺创造中的独特作用,但又反对把非理性绝对化,反对用以解释人、人的生存和世界的非理性主义、反理性主义的世界观和价值观。同时,新理性精神也反对由理性主义演化成的唯理性主义,甚至反理性主义,它们在绝对真理的幌子下,异化为实用主义理论的工具理性、“绝对观念”“绝对意志”,为此曾经导致了无数的社会的混乱、动荡、灾难,使人类多次陷入现实和精神的多重困境。

有的文学创作与营造人的精神家园的目标越来越远,不仅缺失文学应有的基本的道德荣辱感、羞耻感,甚至失去了作为人的良知与同情心的底

>>2000 年北京，文学理论的未来：中国与世界国际研讨会，前排左起有王宁、杜书瀛、佛克马、乐黛云、吴元迈、希利斯·米勒、孙绍振、钱中文、曾繁仁等

线，充斥于作品的是欲望、享乐、利己和猥琐，这种情况在当代中西文艺中大量存在。钱中文寄希望于用新人文精神来对抗人的精神堕落与平庸，并发出了振聋发聩的呐喊："新理性精神要在大视野的历史唯物主义、人道主义的观照下，弘扬人文精神，以新的人文精神充实人的精神，以批判的精神对抗人的生存的平庸与精神的堕落。"①"当今的文学艺术，要高扬人文精神。要使人所以为人的羞耻感，同情与怜悯、血性与良知、诚实与公正，不仅成为伦理学探讨的课题，同时也应成为文学艺术严重关注的方面。以审美的方

① 钱中文著：《新理性精神与文学理论研究》，见《钱中文文集》（一卷本），第 332 页。

式关心人的生存状态、人的发展,使人成为人,完善人的灵魂,这也许是那些有着宽阔胸怀的作家、艺术家忧虑的焦点和立足点。人文精神在当今社会还有别的要求。但是如果不能唤起使人所以为人的羞耻感,不能激起他的血性与良知、诚实与公正,在精神上使人成为人,其他要求再高、再好,也是枉然。"[①]那么"新的人文精神"新在何处呢?在他看来,"必须发扬我国原有的人文精神的优秀传统,在此基础上,适度地汲取西方人文精神的合理因素,协调人与人、人与社会、人与自然、人与科技之间的相互关系,融合成既有利于过去不被允许的个人自由进取,又使人际关系获得融洽发展的,两者相辅相成、互为依存的新的精神"[②]。他把这些要求视为人文精神的最基本的形态,首先要实现这些基本要求,然后还要向更高形态的人文精神发展。就文艺而言,新的人文精神影响着人的精神与价值的指向,并从一定程度上力图对现实生活的畸形与失衡有所调整。

另一方面,与文艺的粗俗化等倾向不同,一些文艺受到语言哲学、语言转向和形式主义的影响,一味地遁入语言游戏、叙事策略和形式的"陌生化",结果表现形式是多样了,但审美被削弱了,而且还不断放逐作品的意义与价值,主动放弃了对人的精神的崇尚与坚守。20 世纪的科技和其他形式的霸权主义也造就了无数渺小的、平庸的人。钱中文指出:"面对人的扁型化、空虚感,人的大范围的丑陋化、平庸化,与自我感觉的渺小化,文学艺术应该揭起人文精神的这面旗帜,制止文学艺术自身意义、价值、精神的下

① 钱中文著:《文学艺术价值、精神的重建:新理性精神》,见《文学理论:走向交往对话的时代》,第 347 页。

② 钱中文著:《文学艺术价值、精神的重建:新理性精神》,见《文学理论:走向交往对话的时代》,第 349—350 页。

滑。”[①]现代主义文艺揭示了社会剧变中人的焦虑、压抑、异化的悲剧命运，显示了深厚的人性的关怀，但是，它的人物基本上是无能为力的，只能被不可知的力量所摆布、碾碎。“新小说”等后现代主义作品则强调以客观、零度感情去描绘世界、事物和人，此时人已沦为物。实际上，这些弊端也正是作家主体性自身的无奈与无力的表现，因此，需要强化人文精神的批判精神。钱中文强调，人文精神的委顿、忧患意识的缺失、对于人的生存处境的淡漠，使得创作难以深入时代海洋的深层，走向博大与精深。需要在强化人文精神的批判中，培植人的自信和崇高的感情。在文学艺术中，主体、作家并未死亡，他们不过是在换着方式说话，需要的是作家主体性的强化与弘扬。新理性精神坚持以人为中心的对人的命运的叩问与终极关怀，并把它视为其理论的核心。

3. 交往对话精神与总体上亦此亦彼的思维方式

新理性精神奉行“交往对话精神”。钱中文综合吸收了巴赫金的对话理论与哈贝马斯的社会交往理性的成果，强调人的意识的独立性、价值性，把对话提升为人的生存的本质属性和人与人之间关系存在的基本方式（详论见前），并把它作为新理性精神的有机组成部分。其目的在于改变近百年来习以为常的非此即彼的思维方式，促进理论形态的多元化，扩大学术研究的自由度和独立性。

长期以来，由于受到政治和其他非学术因素的干扰，我国学术讨论中存在着一个根本性的问题，即思维方式的非此即彼的二元对立，由此引发诸多问题，在近百年来有关人的思想理论、现代性的探索和讨论中特别如此。这

① 钱中文著：《文学艺术价值、精神的重建：新理性精神》，见《文学理论：走向交往对话的时代》，第349—350页。

>>2000 年在《文学理论:走向交往对话的时代》首发式上,左钱竟、右温儒敏

些问题有各种表现形式:如以政治前提决定对错,以政治身份来代替学术判断,谁代表革命阶级,就代表了正确、代表了革命导师、代表了真理,而政治身份上的对手则必然是敌人,其学术研究也必然是错误的。在思想方法上受形而上学影响,问题事先就有了结论,不研究事物的实际情况和前因后果,而且对错分明,不容分辩,没有任何的中间地带和回旋余地。从学风上说,惯以真理自居,一副霸道面目,用情绪化的语言给他人任意做出结论,否定别人,表现了价值判断的随意性,缺乏科学性与客观性;讨论问题一定要拼出个你死我活、高低贵贱。这些问题使学术存在于政治和话语霸权的阴影下,又导致了学界的内耗,久而久之形成了一种思维定势,并且至今犹存,

积重难返。

在反思了这些症结之后，钱中文寄希望于交往对话主义来克服这一流弊。他提出，要在人与人之间、个人的思想与思想之间，确立起一种新型的平等的交往对话关系。“交往对话精神主张，要改变对于人是一种对立体的旧观点。首先，要确立一种人与人是相互独立、互为依存和互为交往的关系，我与他者是一种相互依附而又各自独立、平等的对话关系；人的生存是交往对话的生存，我的存在不可能没有他者的你——你的存在。你否定他者的存在，自以为压倒了他者，其实你只是孤立了自己，你被自己孤立于他者即人群之外。其次，至于人的思想，则是一种独立的、自有价值的思想意识，并非只有你的思想才有价值，才值得重视。人的思想的价值有大有小，品位有高有低，特别是学术思想，但是都是有价值的思想。”①一个时期里，学术研究为政治所替代，或受到政策和各种教条的束缚，必然缺乏独立、个性和创新而走向贫困。人文科学是最讲究个性和创新的学科，这样，在特定的时期里它也就难有成就。

为了把对人的生存的叩问与关怀与现代性的阐释提到更高的层次上，我们需要在思维方式上反对那种极端的绝对好或绝对坏的非此即彼的二分法。钱中文认为，这就是“要在历史现实、文化遗产的评价中，提倡一种可以去蔽的、历史的整体性观念，一种走向宽容、对话、综合、创新的包含了必要的非此即彼、一定的价值判断、总体上亦此亦彼的思维，这种思维对于振兴我国学术思想，是会有积极意义的”②。

文学理论需要走向交往与对话，容许误差，促进激活、融化，即在发问、

---

① 钱中文著：《新理性精神与文学理论研究》，见金元浦编《多元对话时代的文艺学建设》，第6页。
② 钱中文著：《新理性精神与文学理论研究》，见《钱中文文集》（一卷本），第334页。

诘难、应答与比较中走向新的境界。同样,文化的发展也是如此,要在传统与现代、本土文化与外来文化的对话中取长补短,进行创新和发展。

4. 感性与文化

在社会转型期中,文学中的感性日益受到鼓吹以至变成了"性感",走向泛滥与低俗,正是针对这种情况,钱中文的"新理性精神"论提出了"感性与文化"的问题,以起到调节的作用。新理性精神批判旧理性、唯理性主义和极端的工具理性,反对压制人的感性、个性、人性、创造性。新理性精神认为,社会生活是以感性的形态表现出来的,需要关注人的感性需求、生理需求和更高层次的文化需求;新理性精神承认非理性乃至反理性的普遍存在及其合法性,特别是其思想、现实中的特殊的创造力对文艺的重要意义。这样,在文艺创作中,通过感性与理性的整合,以重新建立起新的理性精神。

可以说,感性和理性的发展道路都呈现出了曲折性。感性的起源和存在远远早于理性,它在人类早期的生活中发挥了重要的作用。后来,理性才逐渐产生和发展起来。理性在认识与改造自然、促进社会发展、提高人的认识和精神方面发挥了巨大的作用。但是,在其发展过程中,理性被绝对化、神化了,它的作用被极端地夸大。一方面发展出了理性主义、唯理性主义的意识形态,并与科学一起,被认为是万能的东西;另一方面它又忽视、排斥、压制人的感性需求,借助于盲目的政治迷信或宗教信仰,扼杀人性、人的个性和创造力。可以说,凡是存在迷信的地方,必然存在着对感性的压制与理性的教条化。理性的过度张扬导致了非理性主义、反理性主义思潮的出现,它们不遗余力地攻击理性,并以感性中的无序现象来对抗理性。钱中文认为,作为人的心理、精神和生命的有机组成部分,非理性、反理性是客观而普遍的存在,它们有助于全面地认识人、把握人的心理和精神世界,它们在促进思想和现实的发展中发挥着不可替代的创造性作用,对文艺发挥着巨大的影响。而且,非理性主义、反理性主义对理性、理性主义、唯理性主义的抨击也有一定的合理性。但是,不可否认的是,非理性主义、反理性主义以绝对的、极端的方式反对理性、排斥理性,甚至否认理性存在的合法性。同时,它们经常与悲观主义、虚无主义联系在一起。现代主义、后现代主义文艺吸收并发挥了非理性主义、反理性主义的许多观点,有的作品描写得极为感人,它们审美地反映了生活、人际关系中的非理性之深,有的则表现得支离破碎、不堪卒读,制造了大量的精神垃圾。

钱中文认为,新理性精神正视感性、理性的发展中所经历的曲折,需要客观、科学地看待它们及其各种变体的积极作用与消极影响。如前所说,生活本身就是以感性的形式表现出来的,就人的存在的方式而言,人具有感性的生理需求、生物性需求,这是人的最为基本的需求,它们应该得到充分的满足。但是,感性的需求是多层次的。人的生物性的需求与动物的生物性需求又是不同的,否则人就与动物无异了。人的感性生活的需求,具有强烈的文化性,它必然要受到作为社会存在的人的生活底线的制约,而体现出一定的社会性。作为更高形态的人的生活的感性需求,应该与人的文化需求相一致。我们在承认、尊重这些感性需求的同时,更应重视那些融合了以文化精神为主的人的感性生活的需求。这里会发生两种情况,一种情况是人的最基本的感性需求,会受到理性的压制而引起反抗,另一种情况是文学使感性变成性感,导致性欲、性描写的泛滥,并冲击理性的规范。人的感性生活的审美反映,其中包含了人的理性的认知、认识。自然应当重视感性的积极作用,但也需要有意识地引导文艺表现健康的感性,纠正极端的感情宣泄与满足感官享乐的肆意写作。

新理性精神承认非理性、反理性在人的感性生活中的普遍存在与存在的合法性,并吸纳它们的合理之处和积极方面来丰富自己。但是,如前所说,新理性精神反对以反理性主义和反理性的方式解释历史与社会现实生活,也反对文艺以反理性主义的方式描写历史与社会现实、盲目地渲染非理性主义。这些现象,在今天的文艺创作中极为常见。反理性、反理性主义与无序的感性相结合,经常冲破社会规范和伦理道德底线,极端地张扬人的感性、欲望、情绪等心理因素,特别是性情绪之类的、及时行乐的生理享乐的本能,导致生物性描写的泛滥。它们压制了正常的理性,丧失了叩问人的命运的精神追求的能力,放逐了对人的终极关怀和更高形态的人文需求,并在放纵性欲的狂欢描绘中消解、糟蹋了感性本身的合法性。现在,许多大众文艺和某些所谓的"精英文艺"为了实现其市场价值,与媒体共谋,把性、暴力、欲望、隐私作为写作主题,把感官享乐绝对化,堕入了与人文精神背道而驰的歧路。当然,这些现象与所谓的"现实生活"正相对应,那些光华四射的社会角落,其实正是丧失诚信,充斥着无耻、堕落、委靡、谎言的"现实"。为此,钱中文强调,新理性精神倡导生活与文艺应该理顺感性与理性的关系,重新整合它们的力量,以达到重振人文精神和营造适合于人生存的精神家园的目的。

五、新理性精神与人文科学方法论

钱中文的一些著述多次提到人文科学方法论的问题(参见前面有关巴赫金的讨论),并将新理性精神与人文科学的方法论联系起来。新理性精神所涵盖的几个方面,特别是现代性、新人文精神与交往对话精神,不仅是现代各个时期文学理论中反复出现的方面,而且也是人文科学中不断重复的问题;它们不仅是理论自身,而且也具有方法论意义。钱中文认为,一百多年来,我国人文科学在各个时期的现代性的推动下,提出了有关人的栖居的各种社会理想，以及相应的各种理论阐释，并使用了多种不同的方法。马克思主义理论的输入，根本性地改造了我国人文社会科学的发展方向，20世纪50年代后，已成为我国人文社会科学的主导，获得了极大的发展，但是庸俗化的马克思主义的阐释也随之而生。对阶级斗争片面化的强调，使这一理论替代了各种人文社会科学的具体研究，并使它们在“文化大革命”中遭到毁灭性的打击。由于人文社会科学制造了一场人所共知的社会灾祸，所以，80年代人文社会科学的威信丧失殆尽，爆发了一场社会文化危机，其核心则是信仰危机。当人们几十年来被灌输的信仰一旦溃灭，他们就失去了精神的依附，只能踯躅于思想的荒原。

那么，发展到了今天，人文科学的主要问题在哪里呢？问题在于人文科学不断地被自然科学的机制、体制所改造。钱中文说：“当人文社会科学不具真理品格，一时难以提供社会行为、规划生活准则，或是不能均衡重量、确定价值，以形成社会行为结构，而丧失人文评估系统，自然就会陷入不被信任的境地。正是在这种万般无奈的情况下，科学理性自上而下被激活了起来，而且驾轻就熟，与权力相结合，这是那时必然的选择，也可能是别无选择的唯一选择，因为生活不能停滞不前。于是从80年代开始，科学理性一路凯歌行进。”①以自然科学的体制与机制作为社会的理想与指导，造成科学理性对于人文理性的统制，其根本原因在于，自然科学是讲究实际的科学，它的理论准确与否，可以通过实验而获得实证。至于一些应用科学，与生活实践紧密结合，运用起来立竿见影，立见成效，可以变废为宝，赓续国计民生。它们是看得见、摸得着的东西。自然科学长期形成的量化统计手段，是一种最为简单、最为雄辩的实证方式。因此，它不仅普及于自然科学自身，而且在

---

① 钱中文著：《人文科学方法论问题刍议》，《南京大学学报》2009年第3期。

80年代后，它又进入了国家社会组织体系，渗入了人文社会科学领域。擅长量化统计的自然科学方法，一旦进入人文科学，就促使人们定期去完成规定的任务，追求选题数量，而忽视质量与思维创造，并且急速地促使人文科学成为成绩统计、评定成就、确定价值、显示公平的基本手段。一些人文科学方面的所谓著作，以导师的名分牵头，利用老师在项目评议组的权力，设个提纲，定下观点，找些根本上说还需要学习的学生参加，就跟随老师进行战斗、批判了。这使得科学理性变成一种讲究功利的实用主义的工具理性，一种报表思维，以自然科学的价值评估准则来替代人文科学的价值、精神的衡量准则，最终使人文科学逐渐失去自己的创造性特性而走向平面化、平庸化。

20世纪及新世纪以来，不时有人欢呼人文社会科学与自然科学的合流，这当然可以在特定的范围里进行试验。但是，钱中文认为，就目前来说，这两种科学的合流虽然可能已出现于一些领域，但是全面的合流还难有可能。人文科学与自然科学之间在对象上的深刻差异依然存在；两者的思维方式虽有相通之处，但又迥然有别。所以，使用自然科学的准则来评价人文科学的成果，只能使人文科学趋向量的追求，而逐渐地失去质的创新。人文科学不同于自然科学，甚至社会科学。自然科学必须客观地研究自己的对象（即事物与自然），其文本是解释性的，解释者只是一个主体、一个意识，实际上是一种独白。而且，自然科学的判断主要建立在实验与归纳的基础上，其结论是客观的，准确与谬误易于辨明。社会科学也存在着客观性，其中体现着主体性的意图，其正确与谬误的区别也较为明显。但是，人文科学的对象是主客体的结合，其思维方式主要是结合着解释的理解，其文本是主体的表述，主体的表述指向他人的思想、意识和意义，实际是两个意识的对话与交锋，其中包含着主体对客观对象的认知和主体的意识色彩，必然表现了个人性、独特性、意向性、对话性、应答性。判断人文科学的价值，难以用自然科学实证的方法去检验其有用、准确与否,也难以用量化的方法去评定其价值。人文科学是积累性的,具有极强的继承性,是积累的科学。评价人文科学有其自身的准则,那就是在与前人、他人对话与比较的基础上,它提出了哪些新的东西,有哪些创新之点,并在实践与时间中加以检验。这里用得上哈贝马斯所说的:对话人使用的话语,应当具有交往性规则资质,即话语的真实性、正确性与真诚性[①]。否则只会导致简单化的批判与否定。从这种意义上讲,新理性精神的介入有助于促进人文科学方法论的建设。

钱中文强调,新理性精神以不断发展着的现代性为指导,反对把亦此亦彼的思维方式绝对化,因为这种思维方式可能导致绝对的相对主义和排斥价值的判断,进而排斥真正的对话,最终取消正谬对错,甚至以草率的判决代替科学研究。这样,总体上的亦此亦彼应该包含一定的非此即彼,在对话中进行有效的价值判断。这种思维方式和对话行为也正是新理性精神的体现。

综上所述,钱中文新理性精神文学论具有丰富的涵义和价值:它提出新人文精神问题,这是新理性精神的主旨,它涉及人的生存、如何生存以及人自身的完善。它主张应以现代意识精神为指导,反对把一种观念、理论视为绝对权威、终极真理,这是一种具有不断自我反思与自我批判功能的现代性,一种要求具有继承性的现代性。新理性精神针对我国文艺发展的实际,希望通过感性与文化的相互平衡与制约等策略,促进文艺的良性发展。同时,为了达到上述目的,钱中文还希望建立一种健康的思维方式,提醒人们警惕工具理性主义的扩张,要在人与人之间、学术探讨之中确立一种交往对话主义的关系,反对我们头脑中根深蒂固的非此即彼的截然对立的思维方

① 钱中文著:《理解的欣悦》,见《钱中文文集》(一卷本),第502页。

式，以促进人与人之间的平等，并建立起各种理论范式、各种话语之间的交往关系。新理想精神不但适合文艺研究，也可以理解为人文知识分子对待文化遗产和外国文化思想的立足点，一种学术立场和新的文化价值观。新理性精神融合了钱中文对人生、社会、历史、文化、学术和文艺等问题的体验、思考与感悟。

第九章　全球化与文学的命运

新世纪以来，在全球化的语境下，针对文学及其理论终结、文化研究的大力移植等热点问题，钱中文撰写了一系列论文，回应了文学终结论，探讨了民族文学与世界文学的关系、文化一体化等问题，辩证地分析了后现代主义文化研究移植的积极方面与严重的消极因素；此外还回应了关于对文学审美意识形态的批判，对人文科学方法论等问题进行了深入研究。

全球化与文学、文论的命运及其相关问题，也是钱中文高度关注的议题。20 世纪 60 年代初，加拿大电子通讯专家麦克卢汉（Marshall McLuhan）就预言，现代电子传媒的发展将可能导致“地球村”（global village）的出现。1985 年，T·莱维用“全球化”来概括 20 世纪 60 年代以来西方各国在政治、经济和文化等方面的深刻变化。90 年代，联合国秘书长加利宣布：“世界进入了全球化时代。”之后，“全球化”一词迅速在各个领域流行、运用，并迅速成为社会科学、人文科学研究的热门话题。但是，迄今为止，中外学界对全球化及其后果尚没有一致的看法和共识。尽管如此，罗兰·罗伯森(Roland Robertson)对全球化的解释很有代表性："作为一个概念，全球化既指世界的压缩(compression)，又指认为世界是一个整体的意识的增强。全球化概念现在所指那些过程和行动在多个世纪里一直在发生着，尽管存在某些间断。不过，这里关于全球化的讨论的聚焦点却针对相对晚近的时代。就这种讨论与现代性的轮廓和性质联系密切而论，全球化很显然是指晚近的发展。"[①]这种解释揭示了这样的事实，即世界形势变化所引发的全球范围内各地的事件、行为等方面的联系和影响的加强。90 年代以来，我国被更快、更全面地纳入"全球化"进程，学术界有关全球化的研究也逐渐展开。大体来讲，中国学者对全球化的主要态度有三种：一种态度认为，全球化是历史发展的必然趋势，我们要顺应这个潮流，无条件地拥抱全球化；另一种态度则拒斥全球化，认为全球化是美国等西方发达国家强加于世界落后国家和地区的意识形态"神话"，它必然伴随着政治上的压迫、经济上的掠夺和文化上的扩张；第三种态度是，全球化的机遇与挑战并存，应该从具体问题出发，进行价值判断并决定对策。全球化对中国文化、

---

① [美]罗兰·罗伯森著:《全球化——社会理论和全球文化》,梁光严译,上海人民出版社 2000 年版,第 12 页。

文学带来的机遇与挑战何在？这是任何一名人文学者都不容回避的问题，在这样的语境中，钱中文对中国文化、文学、文论的命运进行了深入的独立思考。

一、反文化、文学一体化之争

在全球化的语境下，关于文化一体化的各种观点纷纷出现，这是一种极为乐观的现象。为此，钱中文撰写了长文《论民族文学与世界文学》，发表了他对全球化及全球化语境下文化、文学命运的看法。他认为，所谓全球化不过是国家与国家之间紧密联系的一种难以分割的关系，中间矛盾分歧、不平等现象极多，不能笼统地谈论文化全球化，应该区分对待浅层次意义上的文化全球化和深层次意义上的文化全球化："文化全球化、一体化是具有现实性的，因为已经存在这类现象，而且可能还会扩大着范围。但是深层意义上的文化全球化与一体化，又具有难以实现的不可能性。各国文化相互接近，取长补短，互为丰富与交融，实行更新与创造，

>> 1994 年 6 月于纽约"9·11"事件之前的纽约双塔
右为周建渝先生

这大概是不同的、多元的文化互为依存的和发展的方式。”[①]而且，文化的全球化、一体化只是某些人的一厢情愿和过分的乐观，从历史、现实因素看，这种看法是缺乏根据的。钱中文细致地分析了其原因：首先，尽管人类面对的问题有趋同的倾向，但是，各个国家、民族的文化与文艺的趋同性，并不能必然导致它们自身的一体化。其次，文化、文艺的发展与经济的发展、经济一体化有密切的联系，并可能受后者的影响。但是，文化、文艺毕竟不同于经济，不大可能出现类似的文化、文艺的一体化，否则，必然会破坏后者的丰富性、复杂性，后果将是灾难性的。最后，文化、文艺一体化需要其载体语言文字一体化，但历史已经证明，语言文字一体化的实践难见成效，既然如此，我们就难以真正进入文化、文艺一体化的讨论。

事实上，与全球化相伴的是同样引人注目的地方化、本土化、民族化，其中，文化、文艺的自主性诉求也空前高涨。鉴于此，钱中文肯定了文化多元共存的意义和重建民族文化的必要性，即必须保留我们民族文化传统独特性的异质，而不能让外国的强势文化、工业文化淹没我们的民族文化。同时，我国的文学也应积极寻求全球化与本土化、世界性与民族性之间的平衡：文学在交往、融合中创新，获得新质，同时又存在民族文化的认同；文学受到现代性的制约，具有开放的世界性倾向，但又受到本土化、民族特性乃至民族主义取向的影响。这样，“文学的巨大的生命力，存在于民族性与世界性之间，而不在于越是民族的就越好，或是越是世界的就越好，而是民族性的与世界性的完美结合。……文学既是开放的民族的，又是世界的；既是世界的，又是民族的开放的表述，可能更合乎其自身发展的情况”[②]。这些观

---

① 钱中文著：《论民族文学与世界文学》，见《钱中文文集》（一卷本），第 547 页。
② 钱中文著：《论民族文学与世界文学》，见《钱中文文集》（一卷本），第 567—568 页。

>>2001 年北京国际比较文学研讨会，前排左起五为钱中文。中方参加者有申丹、乐黛云、王宁、钱中文、叶舒宪、孙景尧等，美方有霍魁斯特、希利斯・米勒、布劳德海德、孙康宜等

>>2001 年北京全球化语境中的文化文学与人国际学术研讨会，前排左起十为钱中文

点具有深刻的学理性与辩证精神，是一个饱经忧患的学者的真诚心态的表露，使我们不至于因盲从而失去自我，具有重要的启发意义。

二、在文化研究与文学理论之间

世纪之交，欧美“文化研究”潮流涌入，它带来了新的发现，也对文艺研究形成了挑战，但新方法带来的激动掩盖了对它的反思，有人把“文化转向”视为文艺学的发展趋势，研究中显然也存在着诸多问题。

欧美的文化研究，既是一种传统的文化研究，又是20世纪70、80年代发生的对文学理论内在研究的反拨，并转向外在研究的文学批评方法。这种文化研究和它提出的文化诗学，扩大了文学研究的领域，丰富了研究的视野，对于改变文学研究的思维和方法，起到了重大的作用。在欧美不少大学里，文化研究风靡一时，几乎取代了文学理论批评和文学课程。但从90年代末的情况看，文化研究倡导者之一的萨义德就此进行了沉痛的反思，认为文化研究的风行使文学理论批评泛论各种文化问题。它固然提出了不少文化问题，但是把原有的文学经典的价值与精神都消解了。他提出，文学研究还是应该回到文学自身，提倡作品细读，当然需要汲取文化研究中的某些方法。正当欧美学者进行反思文化研究不足的时刻，我国一些学者却似乎看到了我国文学理论与批评更新的道路，于是大力推广文化批评，甚至力图以文化研究取代文学理论——这是中西文论发展的又一次“错位”（详论见前）。

钱中文较早地发现了这种趋向，指出了我国的文艺理论研究应有的选择，文艺理论研究可以吸收文化研究和后现代性的某些合理因素，但不可能被它们所完全替代，即：“在当今全球化的氛围中，它（指文艺理论建设——

>>2002 年在青岛会议期间，右为希利斯·米勒

引者注）无疑应当面向现代性的诉求，面向创新，面向人文价值的追求，面向重构，面向建设，面向新的理性精神；可以适当地吸取某些后现代性因素，如反对文化霸权主义、文化的唯中心论、僵死教条，等等，但不是后现代式的满足于事态宏伟描述、报告和消解。”①同时他还认为，欧美的“文化研究”与通常的文艺研究存在差别，特别是它排斥审美因素的局限性：“这种研究大多数情况下是政治、经济、社会、文学问题相互混合一起的，文学艺术在这种研究中的地位，主要只是被用来论证、说明其他学科思想的例子或工具，审美

① 钱中文著：《全球化语境与文学理论前景》，见《钱中文文集》（一卷本），第 528 页。

因素实际上被排除、榨干了。”[①]鉴于此，以文化研究取代文学理论批评是不合适的：“文学理论批评有其自身范围的综合性研究，它可以从文化研究的方法中吸取教益。……学者可以一身兼作几种研究，或以文化研究为主导，使文学艺术种种材料为我所用；或主要探讨文学艺术问题，兼用其他学科与方法。但是以文化研究的那种综合性研究来取代文学理论、批评研究，是很困难的；抹去文化研究与文学理论研究的界限，效果未必会是积极的。”[②]也就是说，文学理论应该吸收文化研究的成果，进行适当的调整，而不是彻底地抛弃文学研究，并代之以文化研究。这种积极、开放但又不盲从的选择是科学的、实事求是的，并因此具有了指导意义。

三、文学消亡之争与文学理论的前景

与全球化相伴随的是现代传媒技术所导致的文化图像化，图像无节制地扩张和蔓延，威胁到文学的发展，甚至有人担心可能出现图像替代文学、文学消亡的后果。法国解构主义大师雅克·德里达曾经预言：“在特定的电信王国中，整个的所谓文学的时代将不复存在。哲学、精神分析学都在劫难逃，甚至情书也不能幸免……”希利斯·米勒重拾这一话题，也得出了不容乐观的结论：“文学研究的时代已经过去了。再也不会出现一个时代——为了文学自身的目的，撇开理论或者政治方面的思考而单纯去研究文学。那样做不合时宜。我非常怀疑文学研究是否还会逢时，或者还会不会有繁荣的时期。……文学研究从来就没有正当时的时候，无论是在过去、现在，还

① 钱中文著：《全球化语境与文学理论前景》，见《钱中文文集》（一卷本），第523—524页。
② 钱中文著：《全球化语境与文学理论前景》，见《钱中文文集》（一卷本），第525—526页。

>> 2006 年暨南大学在第五届文艺学及相关学科博士点建设研讨会上，前排左起二为黄曼君、蒋述卓、饶芃子、钱中文、胡经之、朱立元、王元骧等

是将来。”[①]这个观点迅速被中国的一些学者接受，“文学终结论”逐渐流行开来。米勒的话题涉及了文学、文学研究和文学理论的前景。

钱中文并不认同“文学消亡论”，他认为，尽管图像艺术会得到大力发展，以致削弱文学的地位，使用文字写成的作品，可能改变其形式，甚至可以与图像相互结合，但难以互为替代，文学还将继续存在下去，主要因为两者表达的方式不一，载体不一，其显示的内涵也就各自不同。图像影视艺术主

① ［美］希利斯·米勒著：《全球化和新的电信时代文学研究的未来》，国荣译，2000 年 8 月 29 日《文艺报·文学周刊》。

要通过系列形象的变动性和画面的连续性吸引人的视觉——“眼球”，这注定了倾向于表层与浅显，不易深入事物的内在细微之处；在接受方面，由于形象的快速转换，观者要在短时间内快速处理一堆一堆的图像，因而在心理上不易形成积淀，一般说来，观者的印象较为表面。文字作品的写作，可以比较深入图像所不易触及的心理的深层，在文字作品的阅读方面，可以重复、停顿、思索，进入作品的细微之处。图像是一种快速消费，由于其形象性，这是一种轻度消耗智力的活动，所以获得大众喜爱，观者看完之后就会马上转向另一堆图像，可能就把前者遗忘。当今大部分图像艺术追求娱乐价值，人文价值淡薄，甚至把本来就是感性的图像，变为突出性感的画面，以广招徕，趋向低俗、恶俗。阅读则是一种消耗智力的劳动，但可以帮助读者深入思考，进入人类文化的深层。同时钱中文从民族文化、民族精神的角度肯定了文学存在的必然性和必要性：“文学艺术所以不会终结，主要在于其自身的人文品格。一个民族所以能够独立于世界民族之林，不仅以其科学的物质文明著称于世，同时必然也以其独特的民族文化精神维系其自身的存在，并对整个世界文明有所贡献，而文学艺术正是蕴涵着这种民族文化精神的重要载体，是体现民族文化精神的重要组成部分，这也正是维系着我们民族生存的东西。”①而且，世界上的文字语言虽然在不断消失，但大多主要国家的语言文字，还会发展、继续下去，继续承载着民族文化及其精神。

同样，虽然文学研究、文学理论没有以前那么繁荣，但仍将继续存在下去。展望我国文学理论的发展前景，钱中文认为，需要继续追求文学理论的自主性。文学理论要摆脱政治的束缚并回归自身，同时又不能套入资本与消费主义的重轭，还要进行理论自身的学理建设。仍然需要进行以“审美诉

① 钱中文著：《文学的乡愁——谈文学与人的精神生态》，见《钱中文文集》第三卷，第428页。

求”为基础的文艺理论研究，不能照搬国外文论，应该建立中国自己的当代文论形态。作为文论多元格局中的一元，体现了后现代性精神的文化研究有其存在的必要性，当代文论研究也应该吸收其经验，但不可能被它所取代。

图像艺术迅速崛起、文学性的弥漫、消费主义意识形态的甚嚣尘上和以“身体写作”为代表的感官刺激的泛滥，这些现象既是精神生态危机的“表征”，又加剧了精神生态的不平衡和恶化。钱中文对此作出了迅速的回应，并对其中的消极现象进行了毫不留情的批判，呼唤道德和理性回归，还借助于乡愁表现了他对文艺和良好的精神生态的期盼：“目前人所栖居的家园是现实的，他的需求是物质的、现实的，又是精神的。欲望的满足与精神的需求，都是合理的，问题在于重新给予合乎理性的规范，确立平衡，建立科技、欲望与人文共同协调的新思想。”①

新理性精神文学论、全球化语境中文论的命运等问题的研究，典型地体现了 20 世纪 90 年代以来钱中文的文学理论研究的特点：其一，他总是站在学术的前沿，把握着学科的总体发展，立足于文学活动实践，重视从传统文学（文论）中开掘资源，从国外文学（文论）中吸收营养，材料和论断相互印证，文学实践和理论互相结合，纵横捭阖，开拓了理论研究的视野。因此，他的文章具有一种高屋建瓴的“大气象”。其二，自觉的问题意识。学者的学术成就取决于其问题意识，问题意识自然要从理论和现实两方面来看。他能够着眼于整个文化的背景，以时代精神的恢宏视野来审视文学和文论，以渊博而扎实的知识和高远的学术眼光，快捷、敏锐地感悟时代、现实，面对新问题，迅速地提出应对问题的设想，及时地上升到理论的高度，以深刻的理

① 钱中文著：《文学的乡愁——谈文学与人的精神生态》，见《钱中文文集》第三卷，第 421 页。

论形态回应时代对理论的呼唤。事实上,钱中文 90 年代中期以来的学术研究大都如此,都是从文学理论角度介入文学理论、文学实践、文化问题,既有现实的针对性,又有更高的价值重建的追求。例如,其新理性精神文学理论的立意在于重建文学艺术的价值,以引导人的精神向良性发展。理论上,他试图从思维方式、概念、命题和体系各个层面介入到理论的建构中,以相对完整的理论形态回应了时代对理论的呼唤,并把新理性精神扩大到其他学科领域和社会、人生等领域,并获得了方法论方面的收获。其问题意识还表现在借鉴国外(特别是西方)文学(文化)理论资源时的警觉和"拿来主义"的态度。其三,强调经验、知识、反思和创新的统一。他在经验和知识上,都具有反思与批判精神,无论是本国的或是外国的理论,都会被他这种精神所贯彻。90 年代以来,以后现代主义为代表的各种"后学"在学术界大行其道,但其语境、理论预设和目的都与中国的实际有不小的差距,理论的"时差"、"错位"等问题不容回避。他能够实事求是地对待西方文论,并结合中国文论的实际与经验,从现实与理论层面予以清理,指出其价值和局限,进行有效地吸收。实际上,他既能够及时地发现文学和文学理论发展中所出现的问题、症结,也能够及时地提出积极应对这些问题的新颖的、稳妥的方案,力争经得起时间的检验。他就当代文论建设所提出的一些论断,在文学理论研究的实践中得到了印证,显示了其理论的有效性而得到相当广泛的认可。原因在于,他能够以自己的经验去印证、检验理论的有效性,并结合历史的反思和现实要求,仔细地辨析各种学术观点,并从众说纷纭的各种观念中提出并坚持自己的看法。

第十章　在交往对话中跋涉

人文理论的魅力离不开理论家的生存经验，也离不开理论家的自我实践。钱中文在理论上倡导交往与对话，在自己的研究与生活中也践行着交往与对话精神。他一直坚持着自身理论创新的自主性，同时也一直与他人尤其中国当代作家、学者等保持着平等的对话关系，将自己理论创新融入到中国文学、文论乃至文化的整体发展之中（详述见前）。他不仅仅是中国当代文论尤其是新时期以来文论建设重要的参与者，同时也是新时期文论建设重要的推动者、组织者，为中国文论建设作出了多方面的贡献。钱中文与许多同辈的甚至比他年龄小的学者都有交往，但从不拉帮结派、占山头。钱中文与晚辈学者也保持着平等的对话关系，他培养了一些学生，却不强制他们“承其衣钵”，对他们的理论创新总是予以鼓励，而对他们不同于他自己的观点，他也会进行平等的争论。此外，他还与许多年轻学者有着广泛的联系，其奖掖后进、重视和培养后续人才，也是对中国文论建设的重要贡献之一。

纵观新时期以来的文艺理论的发展状况，钱中文参与、直接或间接回应了新时期以来文论发展中的许多热点或焦点问题,他的丰富、扎实和厚重的学术研究成果产生了广泛的影响。同时,他在学术研究之外又做了大量学术组织、理论文献引进与积累等工作,为文论建设营造了良好的学术氛围。离开了这些工作,我们就很难全面地认识和评价他之于文艺理论建设的意义与价值,而这些工作往往是最容易被学界所忽视的,它们对于我们了解新时期(特别是20世纪90年代以来)文学理论进展的全貌也有着重要作用。我们不妨通过几个例子来说明其贡献:

其一,他率先提出了"中国古代文论的现代转换"、文艺理论现代性、重建新理性精神的文艺价值、全球化语境中中国文论的前景等问题。由于这些问题有很强的针对性、现实性,一经提出,就引起了中国文论界的关注,甚至还出现了各种观点的激烈交锋。他身体力行,就这些问题进行了深入的研究,并提出自己的看法。而且,他还为讨论这些问题营造了良好的学术氛围和讨论平台。他或者提议在《文学评论》上开辟讨论的专栏,或者把这些问题作为中外文艺理论学会的会议议题。这些举措都不同程度地推动和深化了对这些问题的研究。

其二,他主持了许多国际性、全国性的学术研讨会,主编了多部会议论文集和中外文论家丛书,促进了中国文论研究成果的出版和交流。他主编

>>2002 年 12 月钱中文参与文学理论学术研讨会

(合作)的论文集有:《文艺理论方法论研究》(湖南文艺出版社 1987 年版)、《文艺理论:回顾与展望》(河南大学出版社 1993 年版)、《文学理论:面向新世纪》(山东人民出版社 1997 年版)、《中国古代文论的现代转换》(陕西人民出版社 1997 年版);《现代外国文艺理论译丛》(14 种,三联书店 1984—1991 年)、《文艺理论建设丛书》(7 种,吉林教育出版社 1993 年版)、《巴赫金全集》(7 卷中译本,河北教育出版社 1998、2009 年版);2000 年起,钱中文与童庆炳主编了由华中师范大学出版社等多家出版社联合出版的《新时期文艺学建设丛书》(36 种,2000—2003 年);还主编了包括《读意大利》《读法兰西》等在内的《读世界》丛书(6 种,泰山出版社 2008 年版)、《理论创新时代》(论文集,知识版权出版社 2009 年版)。自 20 世纪 80 年代迄今,钱中文主编中外文化、文艺理论丛书5套70种，以及6种论文集，共计76种。它们不仅有利于我们了解国外文艺理论的进展，而且也展示了我国当代文论整体上所取得的实绩，全方位地促进了当代文论研究、文学研究和文化研究的发展。

其三，1995年夏，钱中文与山东师范大学等大学发起并主持“中国中外文艺理论学会”成立大会与国际学术研讨会，策划了一系列国内与国际学术会议，为文艺理论的发展与交流贡献了自己的力量：1996年10月，学会与陕西师范大学联合举办了“中国古代文论的现代转换学术研讨会”。1998年5月，在《巴赫金全集》中译6卷出版之际，主持并召开了我国首届巴赫金思想研究国际学术研讨会；同年10月，主持了学会与四川大学中文系联合举办的“西方文论与中国文论建设学术研讨会”。1999年5月，主持了学会与南京

>>2008年夏在青海湖畔

>>2010 年在扬州会议后，左起为赵奎英、钱中文、曾繁仁、陈炎、王汶成

师范大学等校联合举办的“世纪之交：文论、文化与社会学术研讨会”。1999 年 10 月，学会与安徽大学中文系联合举办了“新中国文学理论 50 年学术研讨会”。2000 年夏，学会与北京师范大学联合举办了“文学理论：中国和世界国际学术研讨会”，并成立了“国际文学理论学会”。2001 年 10 月，学会与厦门大学联合举办了“新理性精神与文学研究方法论研讨会”。2002 年 8 月，学会与陕西师范大学、新疆大学联合举办了“全球化语境与民族文学的发展学术研讨会”。2004 年 5 月，学会与北京师范大学联合举行了“文学理论边界学术研讨会”；6 月，主持了学会与中国人民大学等高校联合举办了“多元对话语境中的中国文论建构国际学术研讨会”；8 月，在湘潭主持“国际巴赫金学术研讨会”。2007 年 5 月，主持了学会与华中师范大学联合举办的“文

学理论30年——从新时期到新世纪”。2008年7月,主持了学会与青海师范大学等单位联合召开的“理论创新时代:中国当代文论与审美文化的转型研讨会”。2009年7月,主持了学会与贵州大学等单位联合召开的“新中国文学理论60年国际学术研讨会”。2010年4月,主持了学会与扬州大学等大学举办的“文学理论前沿问题学术研讨会”。其中,1992年的开封会议、1995年的济南会议、1996年的西安会议、1999年的合肥会议、2002年的西安会议、2008年的西宁会议、2009年贵州会议、2010年扬州会议都有论文集出版。这些会议讨论了文论界当时关注的学术问题,它们大都是根据文学实践和文论研究的实际而提出的,沟通了信息,也形成了一些共识,或表示了不同的意见,都有利于这些问题的深入研究。

实际上,钱中文做的类似工作还很多,以上所谈的很难全面地反映其成绩,但我们还是可以由此看到他为文论建设所付出的辛劳和努力。这些工

>>2008年杭州,在梁启超美学文论思想研讨会上,左起金雅、王元骧、钱中文、胡经之、聂振斌、徐碧辉、郭延礼

作从整体上改善了中国文论研究的学术环境，打破了学术研究的封闭，推进了中国文论研究的国际交流和走向世界的步伐。这些工作也是我们全面认识和评价钱中文学术贡献的一个重要方面，这些工作与他的学术研究共同构成了一个学者的事业。

自20世纪50年代末钱中文从事文学理论研究至今，已是50多年了。这50多年既是当代中国发生巨变的历史时期，又是中国当代文学、文学理论经历变革，逐步走向成熟的历史时期。钱中文见证、经历、参与了这一历史巨变，特别是20世纪80年代以来文学理论的变革。从某种意义上讲，他的研究是当代文学理论研究的最具典型性的个案，既浓缩了中国当代文学理论的艰难探索、成就和困境，又向世界展示了一个具有悠久传统的文学大国对文学的一种理解，这是钱中文作为学术存在的重要意义所在。

2008年，在四卷本《钱中文文集》的出版座谈会上，学界充分地肯定了钱中文的学术成就。中国社会科学院原副院长、美学家汝信指出，钱中文"对文学动态把握很好，有广阔的学术眼界，有理论的创造性，这是他取得巨大学术成就的重要条件"①。中国社会科学院文学研究所原所长杨义高度评价了钱中文的"审美反映论"、"审美意识形态论"、"新理性精神"论和巴赫金研究，他还认为，"钱中文先生不是那种趁风赶潮之辈，而是立足于深厚的学养之上，进行有深度的理论开拓的真正的学者。"北京师范大学文艺学研究中心主任童庆炳认为，"钱中文先生以他深厚的学术积累、艰苦认真的研究，赋予这些理论以历史的品格、实践的内涵和深厚的学理，从而在一个特定的历史时期，顺应时代的潮流，抓到了真理性的普遍性东西。他的理论现在仍

---

① 丁国旗著：《学术创获源于"对着说"——〈钱中文文集〉出版发行座谈会》，《社会科学报》2008年9月11日。本小节以下引文均据此文，不再另注。

>>2008 年《钱中文文集》(1—4 卷)首发式

然是鲜活的、具有生命力的,因为它经得起时代的检验。同时他的理论建构充满了学术个性、学术积累和独特的文学理论创造,为新时期的文学理论写上了鲜亮的一笔”。山东大学文艺美学研究中心主任曾繁仁认为,“钱中文先生就是新时期产生的中国自己的重要理论家之一,对此,我们应该给予足够的重视、爱护、充分的肯定与应有的总结”。学界时常有人诟病文艺学的薄弱,许明从这个角度揭示了钱中文的学术意义:“钱先生的以学术进步为目标的探索,为使文艺学成为真正意义上的科学提供了一种治学方法上的启示,从而在当代文学理论建设中具有重要价值。”①

① 许明著:《近二十年文艺理论建设的历史性总结》,2000 年 6 月 28 日《中华读书报》。

钱中文研究领域广泛，研究成果丰硕而卓著。从整体上评价他的学术贡献是困难的，但从本书这些挂一漏万式的描述中，我们还是可以发现在一个新旧交替的特定历史时期，一个深受中国传统文化浸润和欧美文化洗礼的知识分子的学术探索的轨迹，这是一条渴求知识、追求理想、重视平等对话之路，更是一条充满无限风光的跋涉、探险之路。而且，其体验不仅仅为他一人所独有，而是浓缩了一代人文学者的人生感悟。

在《钱中文文集》4卷本（黑龙江人民出版社2008年版）的自序中，钱中文照录了写于2004年春节、2005年于韩国出版的《钱中文文集》4卷本《后记》中的一段话：

> 一个伟大的民族自然要拥有丰富的物质财富，但是最终昭示于世人、传之久远的，则是其充溢着民族文化精神的文化创造。生产这种精神财富，应该在文化、学术中，从发出自己的声音做起，进行原创性的创造。要坚持自己的声音，坚持那种具有学理精神的原创性声音，因为学术认同的只是独创。学术回应时代，也坚持自身的需求：学理的深化、完善与丰富。但是这种回应，应是绝对的个性化的，而不是重复与雷同。

这段朴素的表白展示了一个人文知识分子、一个文论研究者的襟怀、志向、诚实、自信、谦虚和经验。我们体会到了其中蕴涵的力量，这就是承担起复兴民族文化的重任，在无尽的对话、无尽的跋涉中，永远地探索、永远地追求、永远地创造！

钱中文先生年谱简编

1932 年(1 岁)

11 月 15 日,出生于江苏无锡东北塘乡西浜村一店员家庭。

1937 年(5 岁)

11 月,日寇占领无锡县城过境时,他险些被日寇杀害。是年冬,入村里私塾,后入邻村全旺小学读书。

1942 年(10 岁)

转入无锡县模范中心实验小学。在沦陷区里,日寇无恶不作,所见所闻甚多。

1945 年(13 岁)

小学毕业,考入无锡县中学。8 月,日寇投降。

1951 年(19 岁)

毕业于无锡市中学(今无锡市第一中学),考入中国人民大学俄语系。

1955 年(23 岁)

夏,大学毕业。

10 月,去苏联莫斯科大学研究生院俄罗斯语言文学系学习,1959 年夏肄业。

1959 年(27 岁)

9 月,入中国社会科学院文学研究所苏联东欧文学组,研究俄罗斯文学;1961 年应约写了《果戈理及其讽刺艺术》,随即转入该所文艺理论组工作。

1960—1965 年(28—33 岁)

在文学研究领导组织下,写了一些批判所谓“国际修正主义”“资产阶级文艺思想”的文章,显示了当时极左文艺思潮的影响;同时也写了一些一般文学理论的文章。这段时间发表了 12 篇文章和一部书稿。

1965 年(33 岁)

秋,被派去江西丰城“四清”;1966 年 6 月被召回北京参加“文化大革命”。因参加一派群众组织,1969 年被看管起来,实行群众“专政”,不得与家人见面,前后凡 4 年。

1978 年(46 岁)

《文学评论》复刊,发表了他为俄国革命民主主义文艺思想辩护的论文,在《文艺论丛》上发表有关形象思维的论文。

1979 年(47 岁)

《文学评论》等刊物不断有他的一些论文被刊出。年末,被评为副研究员。

1980 年(48 岁)

《果戈理及其讽刺艺术》由上海文艺出版社出版。原稿写于 1961 年,1962 年交出后,思想批判连年,“文革”中书稿被到出版社的红卫兵扔到了垃圾堆里,幸好由一位至今不知其名的清洁工人捡了回来,送回编辑部,奇迹般地保留了下来。同年在《文学评论》与《美学论丛》发表《论艺术真实和艺术理想》与有关别林斯基文学思想等长文。

被聘为文学研究所文艺理论研究室副主任。

1981 年(49 岁)

参加“六五”国家项目《文学原理》的撰写工作,提出《现代外国文艺理论译丛》的附加项目,并为主编之一。

1983 年(51 岁)

在北京参加“第一次中美比较文学国际研讨会”,就巴赫金复调小说理论问题作了报告。

1985 年(53 岁)

赴法进行学术访问;同年,因 1984 年的论文《当前文学理论中的现代主义思潮》获《文学评论》1978—1984 年中国青年优秀论文一等奖。被聘为文学研究所研究员、文艺理论研究室主任、文学研究所学术委员会委员。

参与发起、组织 1985 年在扬州召开的“全国文学理论研究方法论研讨会”。自 1978 年起,在《文学评论》等刊物发表多篇学术论文。

1986 年(54 岁)

被聘为中国社会科学院研究生院教授、全国第三批博士生导师。

11 月,主持在苏州召开的“全国文学观念讨论会”,并致开幕词。

1987 年(55 岁)

著作《现实主义和现代主义》由人民文学出版社出版。

1988 年(56 岁)

赴苏进行学术访问。

被免去文艺理论研究室主任一职。

10 月下旬,主持了在福州召开的“全国文艺理论建设与中外文化交流”学术讨论会。

1989 年(57 岁)

9 月,著作《文学原理——发展论》由社会科学文献出版社出版。

1990年(58岁)

任比较文学研究室主任。

1991年(59岁)

被聘为“全国哲学社会科学中国文学学科规划小组”成员,直至1998年辞去该小组社会工作。

自1984—1991年止,合作主编《现代外国文艺理论译丛》,出版14种,由三联书店出版。

1992年(60岁)

被聘为“国务院学位委员会第三届中国语言文学学科评议组”成员。

10月,在开封主持“全国中外文学理论”学术讨论会;参与主编《文学理论:回顾与展望》论文集,1993年由河南大学出版社出版。

1993年(61岁)

著作《文学理论流派与民族文化精神》,由吉林教育出版社出版;主编“文艺理论建设丛书”7种,由吉林教育出版社出版。

著作《文学原理——发展论》获“中国社会科学院1978—1991年优秀科研成果奖”,国家图书奖初评提名。

2月,参加澳门“中西方文化交流国际研讨会”。

7月,参加全国第三届比较文学研讨会,当选为该会副会长。

8月,参加在奥地利维也纳召开的“东西方文化国际学术研讨会”。

被聘为“全国博士后流动站管委会专家组”成员,直至1998年辞去该社会工作。

被聘为中国社会科学院第四届学位委员会委员;当选为“中国文学理论学会”副会长。

1994 年(62 岁)

应邀参加在美国普林斯顿大学召开的国际比较文学研讨会,作了题为《对话的文学理论》的报告。

与中国社会科学院外国文学研究所及国内多所高校同行共同发起并筹建“中国中外文艺理论学会”,于这年 4 月获批准,正式成立。

1995 年(63 岁)

7 月,在济南当选为“中国中外文学理论学会”会长,并主持“走向 21 世纪:中外文化、文艺理论”国际学术研讨会;主编(合作)论文集《文学理论——面向新世纪》,于 1997 年由山东人民出版社出版。

1996 年(64 岁)

4 月,任《文学评论》主编至 2004 年 4 月。

8 月,再次当选为中国比较文学学会副会长。

10 月,在西安主持“中国古代文论的现代转换”学术研讨会;主编(合作)论文集《中国古代文论的现代转换》,次年由陕西师范大学出版社出版。

12 月,参加“中国作家协会全国第五次代表大会”,并当选为全国委员会委员。

长篇译著(合作)俄谢德林的《现代牧歌》由上海译文出版社出版(译就于 20 世纪 80 年代初)。

1997 年(65 岁)

被聘为国务院学位委员会第四届中国语言文学学科评议组召集人(之一)。

1998 年(66 岁)

著作《文学原理——发展论》经增订更名为《文学发展论》,作为研究生院教材,由经济科学出版社出版发行。

主编中译 6 卷《巴赫金全集》,由河北教育出版社出版。

5 月，在北京主持了“巴赫金学术思想”国际学术研讨会。

10 月，在成都主持了“西方文论与中国文论建设”学术研讨会。

1999 年（67 岁）

5 月，在南京举行中国中外文艺理论学会第 2 届代表会，经改选续任该会会长，并主持“1999 世纪之交：文论、文化与社会”学术研讨会。

7 月，著作《文学理论：走向交往对话的时代》，由北京大学出版社出版。

9 月，在武汉主持“全球化趋势中的文学与人”学术研讨会。

2000 年（68 岁）

3 月，《钱中文学术文化随笔》一书，由中国青年出版社出版。

6 月，著作《新理性精神文学论》，由华中师范大学出版社出版。

7 月 28 日，由多国学者组成的“国际文学理论学会”在北京成立，当选为副主席。

8 月初，在北京参加“21 世纪中国文论建设”国际学术研讨会，并致词。

8 月 11 日，在北京参加“第三届中美比较文学”研讨会，并致词。

10 月 10 日，参加了南京“90 年代文学思潮暨现当代文学课题研究”学术研讨会，并致词。

2001 年（69 岁）

4 月，在扬州主持“全球化语境中的文学理论研究与教学”学术讨论会。

9 月，发表于 1999 年的《文学理论现代性问题》一文，获第二届鲁迅文学奖。

10 月，参加了在厦门举办的“新理性精神与文学研究方法论”全国学术研讨会。

12 月，参加“中国作家协会全国第六次代表大会”，改选为中国作协全国委员会名誉委员。

2002 年(70 岁)

1 月,增列为中国社会科学院学术委员会委员。

3 月 3 日—18 日,应邀去台湾佛光社会人文学院讲学半月。

5 月 25 日,在昆明主持了“文艺学与文化研究”学术研讨会。

12 月,出席了“多元对话时代的文艺学建设与钱中文文艺理论讨论会”。

2003 年(71 岁)

12 月 6 日,在临海主持了“全国美学、文学理论前沿问题”学术研讨会。

1999 年至 2003 年,与童庆炳教授合作主编的“新时期文艺学建设丛书”共 36 种,已全部出版。

2004 年(72 岁)

6 月,在中国人民大学主持了“中国中外文艺理论学会第 3 届年会”暨“多元对话语境中的文学理论建构”国际学术研讨会,第三次当选为学会会长。

8 月,在湘潭主持“巴赫金国际学术研讨会”。

8 月,著作《文学新理性精神》,由台湾洪叶文化事业有限公司出版。

2005 年(73 岁)

4 月,《钱中文文集》单卷本(收入中国社会科学院学术委员丛书)由上海辞书出版社出版。

6 月,著作《文学发展论》(三版)由高等教育出版社出版。

10 月,《钱中文文集》4 卷本由韩国新星出版社(精装)、首尔出版社(平装)出版。

11 月,著作《自律与他律》(合著)由北京大学出版社出版。

2006 年(74 岁)

7 月,被聘为中国社会科学院荣誉学部委员(终身)。

9 月，参加中国中外文艺理论学会与北京师范大学全国文艺学研究中心于北戴河联合召开的"当前文艺学热点与教育改革"学术研讨会。

2007 年(75 岁)

5 月，《文学原理——发展论》(修订第 5 版)由社会科学文献出版社出版。

6 月，参加并主持了中国中外文艺理论学会与北京师范大学、华中师范大学文学院于武昌联合召开的"文学理论 30 年——从新时期到新世纪国际学术研讨会暨中国中外文艺理论学会第四届年会"。

10 月，参加了中国中外文艺理论学会与北京师范大学外语学院于北京师范大学联合召开的"跨文化视界中的巴赫金"国际学术研讨会，出席会议的有法国、俄国、德国等国专家。

2008 年(76 岁)

1 月，主编《读世界》丛书 6 卷——《读意大利》《读法兰西》《读德意志》《读英格兰》《读美利坚》《读俄罗斯》，由山东泰山出版社出版。

4 月，参加中国中外文艺理论学会与中华美学学会、杭州师范大学中文系于杭州联合召开的"中国现代美学、文论与梁启超全国学术研讨会"。

7 月，主持了中国中外文艺理论学会与北京师范大学、陕西师范大学、兰州大学、西北大学、青海民族学院中文系于西宁联合召开的"创新时代：中国当代文论改革与审美文化转型研讨会"。

2009 年(77 岁)

7 月，主持了中国中外文艺理论学会和贵州大学文学院、贵州师范大学文学院、贵州民族学院中文系联合举办的"新中国文学理论 60 年国际文学讨论会暨中国中外文艺理论学会第 6 届年会(换届)"，当选为会长。

9 月，主编《巴赫金全集》7 卷本(第 2 版，修订前 6 卷，校对新译第 7

卷),由河北教育出版社出版。

2010 年(78 岁)

4 月,主持了中国中外文艺理论学会与扬州大学联合举办的“文学理论前沿问题研讨会”。

2010 年后,疾病不断,大大减弱了工作能力。

2012 年(80 岁)

11 月,《当代文艺学变革与走向——钱中文先生诞辰八十周年》,有访谈录,由人民日报社出版。

2013 年(81 岁)

1 月,《文学理论:求索与反思》作为中国社会科学院学部委员专题文集,由中国社会科学出版社出版。

1 月,散文集《桐荫梦痕》由北京师范大学出版社出版。

6 月,《芳草何其芳——谈何其芳典型共名说的创新意义》,收入《岁月熔金》二集,中国社会科学出版社出版。

6 月,杨子彦的《跋涉中的创新——钱中文访谈录》收入《甲子春秋》,由社会科学文献出版社出版。

2014 年(82 岁)

8 月,被载入钱伟长总主编《20 世纪中国知名科学家学术成就概览》“哲学卷”第三分册,有一万余字,由科学出版社出版。

8 月,中国中外文艺理论学会改选学会领导,卸去会长一职,被选为学会名誉会长。

10 月,论文《真正的先锋性——袁可嘉先生对现代派文学研究的贡献》,载入《斯人可嘉》,浙江文艺出版社出版。

2015 年(83 岁)

《理论的时空》,新世纪文学理论文集,收入“新世纪文艺学研究文库”,复旦大学出版社出版。

《审美与人文》自选集,收入“北京社科名家文库”,首都师范大学出版社出版。

参考文献

一、图书类(按出版时间先后排序,下同)

《列宁全集》第 38 卷,人民出版社 1963 年版。

《马克思恩格斯选集》第 1 卷,人民出版社 1972 年版。

《文艺论丛》(第 5 辑),上海文艺出版社 1978 年版。

中国社会科学院文学研究所文艺理论研究室编:《列宁论文学与艺术》,人民文学出版社 1983 年版。

陈涌等:《马克思、恩格斯美学思想论集》,人民文学出版社 1983 年版。

蔡仪等:《马克思主义文艺思想论集》,中国文联出版公司 1985 年版。

[匈牙利]卢卡契著:《审美特性》第 1 卷,徐恒醇译,中国社会科学出版社 1986 年版。

俞剑华编著:《中国画论类编》下卷,人民美术出版社 1986 年版。

钱中文著:《现实主义和现代主义》,人民文学出版社 1987 年版。

钱中文著:《文学原理——发展论》,社会科学文献出版社 1989 年版。

王元骧著:《文学原理》,浙江教育出版社 1989 年版。

童庆炳主编:《文学理论教程》,高等教育出版社 1992 年版。

钱中文著:《文学理论流派与民族文化精神》,吉林教育出版社 1993 年版。

蒋孔阳著:《美学新论》,人民文学出版社 1995 年版。

钱中文著:《文学理论:走向交往对话的时代》,北京大学出版社 1999 年版。

钱中文著:《新理性精神文学论》,华中师范大学出版社 2000 年版。

[美]罗兰·罗伯森著:《全球化——社会理论和全球文化》,梁光严译,上海人民出版社 2000 年版。

[英]特里·伊格尔顿著:《审美意识形态》,王杰等译,广西师范大学出版社 2001 年版。

金元浦主编:《多元对话时代的文艺学建设》,军事谊文出版社 2002 年版。

左东岭主编:《文学前沿》,第 7 期,2003 年版。

《钱中文文集》(一卷本),上海辞书出版社 2005 年版。

《钱中文文集》(四卷本),黑龙江教育出版社 2008 年版。

张艺声著:《比较学理论:中西文论阐释大视野》,中国社会科学出版社 2006 年版。

朱立元主编:《新时期以来文学理论和批评发展概况的调查报告》,春风文艺出版社 2006 年版。

朱立元等著:《马克思主义文艺理论中国化研究》,经济科学出版社 2009 年版。

钱中文主编:《巴赫金全集》(中译 7 卷本),河北教育出版社 2009 年版。

高建平主编:《当代中国文艺理论研究(1949—2009)》,中国社会科学出版社 2011 年版。

童庆炳主编:《20 世纪中国马克思主义文艺理论研究》,北京大学出版社 2012 年版。

二、文章类

张涵:《论艺术作品的审美性质》,《郑州大学学报》1982 年第 3 期。

孔智光:《试论艺术时空》,《文史哲》1982 年第 6 期。

周波:《试谈文学批评标准的客观性》,《山东师范大学学报》(人文社科院版)1983 年第 6 期。

江建文:《要发掘生活中真正的美》,《学术论坛》1984 年第 1 期。

江建文:《列宁文艺批评思想略论》,《广西大学学报》(哲社版)1984 年第 1 期。

钱中文:《文艺理论的发展和方法更新的迫切性》,《文学评论》1984 年第 6 期。

钱中文:《最具体的和最主观的是最丰富的》,《文艺理论研究》1986 年第 4 期。

钱中文:《论文学观念的系统性特征》,《文艺研究》1987 年第 6 期。

钱中文:《论文学形式的发生》,《文艺研究》1988 年第 4 期。

朱立元、叶易:《评〈文学原理 · 发展论〉》,《文学评论》1991 年第 6 期。

《〈文学原理——创作论、发展论〉评议会发言》,《文艺争鸣》1992 年第 1 期。

童庆炳:《精神 · 胸襟 · 素养——读钱中文〈文学理论:走向交往对话的时代〉》,1999 年 11 月 11 日《光明日报》。

许明:《近二十年文艺理论建设的历史性总结》,2000 年 6 月 28 日《中华读书报》。

［美］希利斯·米勒:《全球化和新的电信时代文学研究的未来》,国荣译,2000 年 8 月 29 日《文艺报·文学周刊》。

钱中文:《文化、文学中的现代性与后现代性问题》,《社会科学辑刊》2002 年第 1 期。

杜悦:《以“新理性精神”回应现实挑战——钱中文先生访谈》,2003 年 2 月 27 日《中国教育报》。

“钱中文的文学理论”专栏,收有钱中文《新理性精神和交往对话主义》、童庆炳:《钱中文文艺思想的时代与学术特征》、朱立元《试析“新理性精神”文论的内在结构》与祁志祥《新时期钱中文的理论贡献》,2003 年第 4 期《学术月刊》。

吴子林:《现代性与当代文学理论的新的建构》(钱中文访谈),《学问有道——学部委员访谈录》下,方志出版社 2007 年版。

陈晓明:《始终在历史中开创理论之路》,2008 年第 1 期《文艺争鸣》。

丁国旗:《新时期我国文学理论的重要收获》,2008 年 7 月 5 日《文艺报》。

丁国旗:《学术创获源于“对着说”——〈钱中文文集〉出版发行座谈会》,2008 年 9 月 11 日《社会科学报》。

李世涛:《钱中文先生文学理论研究述评》,《文学评论》2009 年第 2 期。

Qian Zhongwen, Re – Establishing Value and Spirit in the Period of Cultural Change: Neo – Rationalism , in Multicomparative Theory, Definitions , Realities , St. John's University, Jamaica, New york 1996.

Qian Zhongwen, "Problems of Bakhtin's Theory about 'Polyphony' ", in *New Literary History*, Volume 28, Number 4, Autumn 1997.

Qian Zhongwen, "Neo – Rationalism: A Tactic in Cultural Dialogue", in Cultural Dialogue & Misreading, University of Sydney World Literature Series Number 1 Wild Peony 1997.

后　记

《钱中文评传》是“中国当代美学家文论家评传”丛书中的一种。我们试图在诸种理论向度构成的“坐标系”中，以重要理论范畴为“网上之结”，勾勒出钱中文文艺思想的发展轨迹：勾画“坐标系”的工作（《钱中文评传》的一、二、三、四、七诸章）主要由刘方喜完成，而根据“结点”——钱中文提出的“审美反映”“审美意识形态”“新理性精神”等重要理论范畴来描画轨迹的工作（《钱中文评传》的五、六、八、九、十诸章）主要由李世涛完成，最后由刘方喜统稿。当然，另一方面，我们也充分结合钱中文的生活经历、生命体验、生存感悟及社会历史等，来分析和阐释其文艺思想及其价值。

我们的工作是在钱中文所倡导的交往、对话中完成的。李世涛曾经做过有关钱中文文艺思想的学术访谈，公开发表过研究钱中文文艺思想的专题学术论文，在此次撰写《钱中文评传》的过程中，我们与钱中文不断交流。这种持续的对话，使我们能尽可能准确而清晰地描画出钱中文文艺思想的发展轨迹。但是，根据交往对话主义的基本理念，真正平等的对话又具有“外位性”，所以我们是按照自己的理论视角来概述钱中文的文艺思想的，这种概述肯定会有不全面的地方。在交流中，钱中文对我们从自己视角所作的概述予以了充分尊重，可见其对自己所倡导的对话的平等性原则的践行。学术界对钱中文的学术地位定位极高，我们曾试图把学术界有关钱中文极高评价的相关表述,收录进本书,钱中文却建议我们不要收录,亦可见其谦谦君子之风范。由于篇幅所限,我们对钱中文文艺思想的概括难免挂一漏万,好在这方面公开出版、发表的文献已有不少,搜罗、查阅起来也并不太难。我们这里只谈谈自己在研究、撰写过程中的一些感想。

其一,有关钱中文文艺思想的总体评价问题。在这方面,我们面对着我国学术界长期存在的紧密联系在一起的两个基本问题:一是把理论发展史视为新观点不断完全抛弃旧观点、彻底取代旧观点,呈现为线性进化过程的非此即彼的思维惯性;二是总感觉我们不如西方的妄自菲薄的文化态度。我们觉得克服这些问题首先要有尊重既有学术史事实和已有学术成果的实事求是的态度。我们往往抓住一点不及其余,以此认为西方理论史是线性发展过程,向西方学习的中国理论的发展史也应如此。但钱中文的相关研究告诉我们:真实的学术发展历史过程其实并非如此,尤其是西方当代理论,主要呈现出一种多元并存的格局。当试图对西方理论史作某种宏观判断时,我们首先要有实事求是的学术史意识和耐心研究的学术态度。对中国理论发展的总体判断也是如此。许多人认为在理论上中国总不如西方,这是在文化认同上出现了问题,但我们认为其中的学术态度也存在问题,即这些判断往往是直觉的印象判断,少有具体、扎实的学术史研究。对中国现当代文艺理论发展状况的总体判断,对某一文艺理论家的理论观点的判断,无论作消极的还是积极的评判,总要建立在一定的学术史文献分析的基础上的。在撰写《钱中文评传》的过程中,我们通读了钱中文的绝大部分著述,我们对钱中文所作的总体评价是建立在较多文献及其学术史事实分析的基础上。当然,由于能力所限,这种总体评价难免有偏差,我们希望如有新的评价,也能建立在对较多事实较为全面的分析基础上。

其二,有关理论流派问题。构成钱中文文艺思想的“审美反映”“审美意识形态”“新理性精神”论，在钱中文自己看来，也是中国学者共同阐释、共同努力而形成的学术成果，实际上已形成了某种理论流派。学术界不断有呼唤中国学派出现的声音，在呼唤的同时，或许我们也该对自己已有的学术理论成果加以认真、细致而全面的梳理和研究了。无论对我们的某一理论家还是理论流派的理论建构作何评判，皆不能离开具体的历史和现实语境，不能仅仅局限在概念、名号上与西方理论较短长。

其三，有关人文科学的价值与发展前景问题。在这方面，钱中文不像现代主义者、后现代主义者、解构主义者那样悲观，但他也绝非盲目的乐观主义者。总体来看，随着在迅猛发展的全球化进程中资本的无度扩张，当今全人类的人文活动都面临着前所未有而且还会日趋加重的压制和冲击，在这方面，钱中文虽不能挽大厦于将倾但也不能推波助澜的基本态度，或许对我们人文学者有重要启示。

最后，我们体会到，钱中文对非此即彼的极端主义思维方式的持续批判，具有非常广泛的社会意义。从中国内部来看，我们的政治、经济、文化的现代化进程，时断时续总伴随着极端主义倾向，并产生灾难性后果。从全球范围来看，尽管“和平”的主导趋势要求外交上的平等对话，外交上的“对话”而非军事上的“战争”已为国际社会所广泛认同，但种种极端主义倾向如恐怖主义、经济乃至军事制裁、战争，等等，始终阴魂不散。再具体从世界范围内的文艺、文化的发展状况来看，商业主义、消费主义的运作模式，总是挑战着人的审美、道德底线，鼓噪着种种极端主义行为以“吸引眼球”……极端主义过去是、现在是，恐怕将来依然是威胁人类和平、和谐、可持续发展的重要因素。中国内部的和谐发展、世界的和平发展，都需要我们对种种极端主义倾向始终保持足够警惕。对此，人文学者或许难有大的作为，但至少不应对种种极端主义倾向附和认同。

中国人文学术的进一步发展要克服许多问题，但如何超越非此即彼的极端主义思维惯性显然也是要解决的重要问题之一。因此,我们该倾听一下钱中文或许并不那么尖锐而高亢的理论之声了。

刘方喜

2016 年 5 月 10 日